유승희 집사님
& 이은주 집사님께

기쁨이의 태어남을
큰 사랑으로,
큰 기쁨으로
축하드립니다.

2013. 1. 24

박 진경 드림.

좋은 엄마가 되고 싶어요

박진경 지음

좋은 엄마가 되고 싶어요

초판 1쇄 발행○2000년 3월 30일
개정 8쇄 발행○2012년 6월 15일

지은이○박진경
펴낸이○강안삼
펴낸곳○미션월드 라이브러리

등록번호○제4-234호(1993. 11. 11)
주소○143-901 서울 광진구 중곡3동 187-23
홈페이지○www.godfamily.kr
전화○02-462-5711
팩스○02-462-5718

가격 **13,000**원
ISBN 89-87307-50-6 03230

잘못 만들어진 책은 교환해 드립니다.

미션월드의 출판생각

✚삶을 변화시키는 책

미션월드는 영적 선각자들의 영감있는 책들을 발간함으로 그리스도인의 삶의 변화를 추구합니다.

✚가정을 살리는 책

많은 가정이 무너지고 있습니다. 그리고 무너지는 가정을 통해 우리 내면의 병든 모습을 바라보게 됩니다. 가정을 살리는 것이 교회를 바로 세우는 길임을 알기에 미션월드는 오늘도 능력있는 가정 책자를 발간합니다. 내 가정을 작은 교회로 만들기 위함입니다.

✚교회를 새롭게 하는 책

가정과 교회를 목회의 동반자라는 확신 아래 미션월드는 교회를 올바르게 세우는 사역의 비전을 가지고 있습니다. 이를 위해 옳게 쓰여진 목회도서를 발간합니다.

머릿글

오늘날 자녀양육과 관련된 가르침 중 많은 것들이 문제를 치료하는 차원에서 이루어지고 있습니다. 가정에서의 자녀 문제뿐 아니라 학교 교육이나 사회 정책의 방향이 문제를 임기응변적으로 처리하는 차원에서 이루어지는 것이 대부분입니다. 그러나 사실 치료책을 연구함으로써보다는 그 문제가 발생되는 원인을 근절함으로써 해결하려는 노력을 기울이는 것이 우리 주변에서 생기는 문제들에 대한 옳은 접근이 될 것입니다. 가정사역에 있어서 병든 상태를 치료하는 것과 병행하여 바람직한 방향을 제시하는 일이 이루어지지 않는다면 우리 사회는 항상 발생된 문제의 뒤를 좇기만 하는 데서 벗어나지 못할 것이기 때문입니다. 구멍이 생기는 건축물의 문제를 구멍을 막음으로써 해결하기도 해야 하지만, 더욱 중요한 것은 구멍이 나지 않는 건축물을 만드는 것이지요. 그런 뜻에서 이 책은 가정생활, 그 중에서도 자녀양육과 관련된 사항들에 대한 시각과 접근을 근원부터 올바로 세워 보고자 하는 의도를 가지고 집필되었습니다.

이 책의 내용은 어머니들을 하나님 앞에 충성된 청지기로서 자녀를 양육하는 역할을 감당할 수 있도록 훈련하기 위한 것입니다. 하나님은 제일 먼저 결혼과 가정을 통하여 자신의 뜻을 나타내셨으며, 하나님의 백성으로 선택한 이스라엘 민족을 가나안 땅으로 인도하실 때에도 자신의 언약과 법이 가정을 통해 전수되기를 원하셨습니다. 그리스도인 부부와 자녀들로 이루어진 가정은 사람들 사이의 관계 속에서 이루어질 수 있는 하나님 나라의 가장 기본적인 단위입니다. 이 가정의 질서를 위해 하나님은 아버지를 가정의 머리로 세우셨고, 어머니는 아버지와 자녀들 사이에서 자녀양육에 대한 실제적인 역할을 감당합니다. 자녀양육은 무엇보다도 인간됨의 양육이기 때문에 다른 누구에게 보수를 주고 대행을 부탁할 수 있는 성질의 것이 아닙니다. 그것은 부모에게만 주어진 특권이며 의무입니다. 그러므로 부모 자신이 양육의 주체가 되어야 합니다.

자녀양육의 문제에는 크게 가치관의 문제와 기술적 문제 두 가지가 포함되어 있습니다. 이 책에서는 이 두 가지를 균형 있게 제시하려고 노력하였습니다. 이를 위해 제1부에서는 가치관의 문제를 중심으로 한 자녀양육의 일반적인 원칙들을 먼저 다루었습니다. 여기서 목표로 하는 것은 삶을 대하는 어머니 자신의 가치관과 자세를 성경적 시각으로 새롭게 정립하는 것이며, 자녀를 사랑 가운데 훈련하기 위한 양육 방침을 세우는 것입니다. 제2부부터 제4부까지는 자녀의 연령층에 따른 지도의 기술적인 문제를 주로 다루게 될 것입니다.

다른 책들과 달리 이 책은 자녀양육을 직접 실행하고 있는 어머니들이 하나님의 말씀 앞에서 자신의 양육 태도와 방법을 되돌아보고, 하나님의 가치와 방법들을 자신과 자녀의 삶에 적용해 나가도록 격려하기 위해 집필된 훈련용 교재입니다. 그러므로 이 책은 개인적으로 사용해도 좋지만 비슷한 연령의 자녀를 둔 엄마들이 그룹을 만들어서 함께 읽으면 더 효과적으로 사용되리라 생각합니다.

각 부, 각 과의 구성은 다음과 같은 순서로 되어 있습니다.

이야기

주변의 삶에서 접할 수 있는 이야기를 통해 각 과의 주제에 대한 생각을 여는 도입 부분

물음 및 점검

각자가 가지고 있는 입장을 편견 없이 하나님 앞에서 검토해 보기 위해 각 과의 주제와 관련된 물음을 제시하고, 각각의 물음에 대한 저자의 생각을 정리한 부분

(반드시 물음에 대한 자신의 생각을 기록해 본 후에 본문을 읽어야 합니다.)

적용 및 과제

각 과의 주제에 관련하여 자녀양육에 적용할 수 있도록 제안한 활동이나 대화

이 책의 각 과를 공부하는 동안 여러분의 생각이 하나님이 기뻐하시는 모습으로 형성되기를 바라며 이를 통해 이 사회와 가정이 올바로 서기를 기도합니다. 또 자녀들을 보다 잘 이해함으로써 그들과의 관계가 지금보다 한층 아름다워지기를 바랍니다. 자녀들을 주의 교양과 훈계로 양육하기 위하여 자기 자신을 먼저 하나님 앞에서 훈련하기 원하는 모든 어머니

들에게 하나님이 값진 보화들을 준비하셨으리라 확신하며 기도하는 마음으로 이 책을 내놓습니다. 끝으로, 이 책이 나오기까지 좋은 제안들과 격려를 아끼지 않으셨던 〈가정을 낳는 가정〉의 강안삼 장로님과 편집을 맡아 주신 분들께 감사드립니다.

1996. 10.
박진경

Contents

좋은 엄마가 되고 싶어요

제3부 아동기 자녀의 어머니를 위한 훈련 교재

제4부 청소년기 자녀의 어머니를 위한 훈련 교재

제1부

그리스도인 어머니로서 가치관 점검

제1과

자녀양육, 누구를 위해 무엇을 위해?

이야기

"온갖 정성을 다해 키워 놓았더니 맨날 말대답이나 하고. 어쩌다 방문을 열면 코앞에서 문을 딱 잠가 버리질 않나, 무슨 말 좀 하려고 하면 잔소리한다고 입을 내미니…. 내가 저 잘 되라고 잔소리하는 거지, 뭐 날 위해서 그러는 건가요?"

물음 및 점검

물음 1

위의 이야기는 고등학생 자녀를 둔 어떤 엄마의 하소연입니다. 당신도 이 엄마와 비슷한 심정을 가진 적이 있다면 어떤 때입니까? 당신은 과연 누구를 위해 자녀를 양육한다고 생각합니까?

성경은 자녀를 '하나님이 주신 기업' 이라고 말합니다(시127:3). 이 말 속에는 자녀의 생명과 삶의 궁극적 주인은 자녀를 양육하는 부모도 자녀 자신도 아니고 자녀에게 생명을 주신 하나님이라는 의미가 숨어 있습니다. 그러므로 부모는 자녀를 양육하는 일을 위임받은 청지기입니다. 즉 부모는 청지기 정신을 가지고 자녀를 양육해야 합니다.

청지기는 무엇보다도 자신이 주인을 위해 일하는 자임을 잊지 말아야 합니다. 우리는 부모인 우리를 위해서나 자녀를 위해서가 아니라 하나님의 선하신 뜻을 위해 자녀를 양육하고 있는 것입니다. 그리고 그렇게 하는 것은 곧 우리에게도 복이 됩니다. 이 사실을 인식하지 않으면 우리는 자녀에게 집착하기 쉽고, 그들은 종종 우리의 우상이 되고 맙니다.

다음으로 청지기는 주인의 뜻에 관심을 가져야 합니다. 주인의 뜻을 이해하지 못하는 청지기는 결코 자기가 맡은 일을 훌륭하게 해낼 수 없습니다. 다른 모든 경우에서와 마찬가지로 자녀를 양육하는 데 있어서도 우리는 "이 세대를 본받지 말고 오직 마음을 새롭게 함으로 변화를 받아 하나님의 선하시고 기뻐하시고 온전하신 뜻이 무엇인지 분별하도록 하라"(롬 12:2)는 권면을 받고 있습니다.

그러므로 우리가 자녀를 양육하는 목적은 우리 자신을 위한 것이어서도 안 되지만, 우리 자녀를 위한 것이어서도 안 됩니다. 우리와 우리 자녀의 생명과 삶의 주인은 하나님이십니다. 인간을 비롯한 세상의 만물이 그로 말미암아 지으심을 받았고, 그분은 목적을 가지고 우리를 세상에 나오게 하셨습니다. 우리 삶의 목적은 그분의 선한 일을 위하여 사는 것입니다. 따라서 우리는 자녀를 양육함에 있어서 궁극적 관심을 하나님에게 두어야 합니다.

"우리는 그의 만드신 바라 그리스도 예수 안에서 선한 일을 위하여 지으심을 받은 자니"(엡 2:10)

물음 2

자녀를 양육하는 일은 당신의 삶에서 어떤 의미가 있습니까?

우리가 부모가 되었다고 해서 우리 인생의 목적이 자녀양육 자체가 되어서는 안 됩니다. 자녀를 가진 후 우리가 삶을 살아가는 자세나 삶의 목적이 달라질 필요는 없습니다. 우리는 하나님 앞에서 여전히 우리 자신 그대로이며, 다만 해야 할 역할이 하나 더 늘어난 것뿐입니다.

자녀는 우리가 사랑을 표현할 수 있는 최고의 대상입니다. 사람들은 사랑을 표현할 수 있을 때 삶의 의미를 발견하고 행복과 보람을 느낍니다. 하나님은 우리에게 자녀를 주심으로써 보람 있고 행복한 삶을 살 수 있도록 하신 것입니다. 뿐만 아니라 예수 그리스도를 보내어 우리를 위해 보혈을 흘려 주신 하나님의 사랑이 어떤 것인지를 자녀양육을 통해 알게 됩니다. 또한 자녀에 대한 부모의 사랑이 세상에 있는 각 사람에 대한 하나님의 사랑의 그림자라는 사실을 깨달을 때 지극하고 거룩한 하나님의 사랑 앞에 더욱 머리를 숙이게 됩니다. 그러므로 자녀는 우리 삶에 있어서 참으로 중요한 존재입니다. 하나님이 주신 자녀를 양육하는 과정에서 우리는 우리에 대한 하나님의 사랑이 어떤 것이지를 조금씩 이해할 수 있게 되는 것입니다. 그런 면에서 자녀를 양육한다는 것은 우리의 삶을 풍요하게 해주는 축복일 뿐 아니라 영적인 의미를 지닌 축복이기도 합니다.

"너의 하나님 여호와가 너의 가운데 계시니 그는 구원을 베푸실 전능자시라 그가 너로 인하여 기쁨을 이기지 못하시며 너를 잠잠히 사랑하시며 너로 인하여 즐거이 부르며 기뻐하시리라"(습 3:17)

물음 3

자녀를 양육한다는 것을 당신 나름대로 정의한다면 어떻게 말할 수 있을까요?

자녀를 양육하는 것은 미성숙한 아이가 성숙해 가는 과정에서 부모로서 그들을 돕는 것입니다. 양육하는 이에게 있어 필수불가결한 요소는 '사랑' 입니다. 부모는 자녀를 사랑함으로 그들이 자라도록 도와야 합니다.

그러나 단지 사랑 자체만으로는 아무런 의미가 없습니다. 삶을 이끌어 주어야 합니다. 그리고 그 방법은 억누름이나 강압에 의한 것이어서는 안 됩니다. 주님은 "나는 마음이 온유하고 겸손하니 나의 멍에를 메고 내게 배우라"(마 11:29)고 말씀하십니다. 다른 모든 교육과 마찬가지로 자녀양육도 사랑하고 이해하는 측면과 가르치고 이끌어 주는 측면이 병행되어야 합니다. 그렇지 않으면 절름발이 교육이 되고 맙니다. 그러므로 우리는 자녀를 사랑하고 이해하며 그들을 하나님의 뜻 가운데로 이끌어 주어야 합니다.

우리는 자녀양육을 맡은 청지기로서 우리에게 자녀를 맡기신 그분이 좋은 열매를 거두시도록 최선을 다해야 합니다. 우리의 시간과 노력을 들여 자녀들이 잘 자랄 수 있도록 해야 합니다. 그것은 곧 우리가 자녀들에게 쏟는 사랑을 통해서 이루어집니다. 그 사랑은 우리의 욕심을 이루기 위한 것이어서는 안 됩니다. 우리는 자녀를 통해 하나님을 기쁘시게 하기 위하여 그들을 돕는 자양분이 되어야 합니다.

"그런즉 심는 이나 물주는 이는 아무 것도 아니로되 오직 자라나게 하시는 하나님뿐이니라"(고전 3:7)

물음 4

당신이 귀중히 여기는 것은 자녀입니까, 아니면 자녀의 삶입니까?

하나님이 관심을 가지고 계신 것은 우리나 우리 자녀가 가지고 있는 것, 혹은 우리를 둘러싸고 있는 일들이 아니라 우리 자신의 사람됨입니다. 그분은 외모로 사람을 취하시는 분이 아니라 중심을 보시는 분이십니다. 그러므로 우리의 수고가 헛되지 않도록 하기 위해 우리가 먼저 힘써야 할 것은 우리 자녀의 중심이 하나님을 향하도록 하는 것입니다.

우리의 관심이 자녀에게 집중될 때 자녀는 우리의 우상이 될 수 있습니다. 우리는 종종 아이들에게 "엄마 아빠는 다 너희들을 위해서, 너희들이 잘 되라고 수고하는 거야"라고 말합니다. 하지만 우리의 수고는 우리 자녀들의 삶으로 인해 기뻐하실 하나님을 위한 것이어야 합니다. 우리가 자녀보다 자녀를 향한 하나님의 뜻을 귀중히 여길 때 하나님에게 기쁨을 드릴 수 있으며 또한 그분은 자녀로 인하여 우리에게 기쁨을 주실 것입니다.

"너희는 어찌하여 네 아들들을 나보다 더 중히 여겨 내 백성 이스라엘의 드리는 가장 좋은 것으로 스스로 살찌게 하느냐"(삼상 2:29)

물음 5

당신의 자녀가 어떤 사람으로 성장하길 바랍니까?

"마땅히 행할 길을 아이에게 가르치라 그리하면 늙어도 그것을 떠나지 아니하리라"(잠 22:6)

물음 6

당신의 자녀가 바르게 잘 자라도록 하기 위해 양육하는 부모로서 꼭 필요한 것이 있다면 어떤 것들일까요?

자녀를 하나님의 뜻 가운데로 인도하는 부모가 되기 위해 꼭 필요한 것이 몇 가지 있습니다.

첫째로 손꼽을 수 있는 것은 권위입니다. 권위가 없이는 자녀를 이끌어 줄 수 없습니다. 그러나 그 권위는 존경심에 근거한 것이어야 합니다. 둘째는 격려하는 마음입니다. 자녀에 대한 사랑은 격려를 통해 전달될 수 있기 때문입니다. 셋째는 자녀를 바르게 훈련하고자 하는 의지입니다. 훈련이 없이는 제멋대로 행동하는 자녀가 될 수밖에 없습니다. 그러나 훈련이 실효를 거두기 위해서는 사랑으로부터 출발한 것이어야 합니다.

"또 아비들아(어미들아) 너희 자녀를 노엽게 하지 말고 오직 주의 교양과 훈계로 양육하라"(엡 6:4)

적용 및 과제

잠언의 대부분은 지혜의 왕 솔로몬이 자녀를 위해 기록한 내용으로 엮어져 있습니다. 잠언 13장부터 22장까지를 읽어 보고 어떤 사람이 하나님을 기쁘시게 할 수 있을지 찾아보세요. 그리고 당신의 자녀를 위해 기도할 때 무엇보다도 먼저 그런 사람이 되도록 기도하세요. 참고로 말씀드리면 잠언에서 말하는 지혜는 세상적인 지식이나 총명함보다는 하나님의 말씀을 행할 수 있는 내적인 힘을 말하는 것입니다. 그렇기 때문에 "여호와를 경외하는 것이 지혜의 근본이요 거룩하신 자를 아는 것이 명철이니라"(잠 9:10)고 하신 것입니다.

(예) 거짓말을 미워하는 사람(12:5)
행실이 정직한 사람(13:6)
권면을 들을 줄 아는 겸손한 자(13:10)

제2과

엄마의 역할

이야기

"저는 임신하기 전에는 외과 의사였어요. 제 직업을 아주 좋아했지요. 제게는 외과 의사로서 성공할 만한 능력이 있어요. 아주 어려운 심장 수술도 두 번이나 완전무결하게 해냈지요. 남편은 저를 아주 자랑스럽게 여겼어요. 제 친구들은 모두 명석하고 성공한 사람들이었지요.

그런데 딥스가 태어나서 제 계획과 생을 망쳐 버린 거예요. 전 아주 비참했고 삶에 실패했다고 생각했어요. 아이를 갖게 되었다는 것도 불행한 일이었는데, 게다가 정신박약아를 갖게 되었다는 것은 견딜 수 없는 일이었지요. 저와 남편은 너무 부끄러웠어요. 모욕감을 느꼈어요. 저희 양가에 이런 경우는 전혀 없었답니다. 우리 둘은 지적 성취에 크게 가치를 두고 있었어요. 그런데 딥스는 너무 이상했어요. 도저히 어떻게 손을 댈 수가 없었지요. 이야기도 하지 않고, 놀지도 않고, 걷는 것도 느리고, 작은 야수처럼 사람에게 달려들고…. 우린 그 아이가 너무 부끄러웠어요.

그리고 무엇보다도 제 자신에 대한 신뢰감을 모두 잃어버렸어요. 전 딥스를 위해서 할 수 있는 모든 것을 다 했어요. 우리는 돈으로 살 수 있는 것은 모두 사 주었어요. 그런 것들이 도움이 되기를 바라면서요. 장난감, 놀이기구, 책…. 딥스의 놀이방은 그 아이를 기쁘게 해주고, 교육하는 데 도움이 되고, 재미있게 해줄 수 있다고 생각되는 물건들로 꽉 차 있어요."

『자아를 찾은 아이 딥스』(V. M. 액슬린, 샘터 유아교육신서, pp.112~115)

물음 및 점검

물음 1

위의 이야기는 자녀로 인해 실패한 인생을 살게 되었다고 생각하는 어떤 엄마의 이야기입니다. 이 엄마에게서 어떤 문제점을 발견할 수 있습니까?

하나님은 자녀를 양육하는 책임을 다른 누구도 아닌 부모에게 일차적으로 맡기셨습니다. 자녀를 양육하는 것은 부모들의 책임이자 축복입니다. 사심 없이 사랑을 나눌 수 있는 대상을 옆에 두고 사랑을 표현하며 그들의 성숙을 지켜보는 것은 확실히 축복입니다.

그러나 우리가 자신의 경제적, 사회적 성취에만 골몰해 있다면 자녀를 축복으로 여길 수 없습니다. 인간의 생명에 관한 문제는 무엇보다도 확실한 하나님의 영역이므로 우리는 우리에게 허락된 자녀를 감사함으로 받아야 합니다. 그렇지 않으면 엄마의 감정 상태가 어떤 형태로든지 아이에게 전달되어 아이의 정서에 심각한 영향을 끼칠 것입니다. 이것은 아이가 태어나기 전이나 태어난 후나 마찬가지입니다. 진정한 사랑은 기쁜 마음으로 희생하는 것입니다.

물음 2

당신도 이와 유사한 심리 상태를 가져 본 경험이 있다면 어떤 경우입니까?

물음 3

엄마로서의 역할 중 가장 중요한 것은 무엇이라고 생각합니까?

부모의 역할은 단지 필요한 물질을 공급하는 데에서 그치는 것이 아닙니다. 물질보다 더 필요한 것은 사랑과 사랑이 담긴 보살핌입니다. 물질을 통해 느껴지는 사랑은 아주 얕은 수준에 머물지만 자신을 나누어 주는 사랑은 깊숙이 스며듭니다.

가정에서 엄마는 자녀들과 부대끼며 생활하는 가운데 아주 작은 일부터 큰 일에 이르기까지 공통의 경험을 나누게 됩니다. 대부분의 시간을 주로 바깥에서 지내는 아빠에 비해 엄마는 자녀들과 많은 시간을 함께 합니다. 따라서 자녀들은 엄마의 음성과 감정을 접하고, 엄마의 언어를 배우며, 엄마의 가치관에 물들게 됩니다. 아빠의 가르침은 자녀가 성장하고 삶을 살아가는 데 있어서 울타리와 틀이 되어 주는 반면, 엄마의 가르침은 자녀들의 삶 곳곳에 스며들게 됩니다. 그러므로 엄마의 신앙과 가치관과 삶의 방법은 자녀들의 삶을 형성하는 데 있어서 매우 중요한 역할을 합니다.

그런데 놀랍게도 많은 엄마들이 이러한 역할을 인식하지 못한 채 자녀를 양육하고 있습니다. 그들은 그리스도인 엄마들이 믿지 않는 엄마들에 비해 더 해줄 수 있는 것이라고는 자녀들을 위해 기도하는 것 외에는 실제적으로 없다고 생각합니다. 그러나 하나님을 믿지 않는 엄마들도 어떤 형태로든지 기도하면서 자녀를 양육합니다. 모든 부모에게 있어서 자녀들이 잘 되는 것은, 그들의 간절한 바람이기 때문입니다. 그러면 그리스도인 부모는 그들의 자녀들을 위해 기도하는 것 외에 무엇을 할 수 있습니까? 그것은 그리스도인의 가치관을 가지고 그들의 사고와 삶을 형성해 주는 것입니다. 이것이야말로 그리스도인 부모를 둔 자녀들이 부모로부터 얻을 수 있는 진정한 유익이라고 할 수 있습니다.

모세가 애굽의 모든 보화들보다 하나님의 백성과 함께 고난 받는 삶을 선택한 것은, 바로의 명령을 무서워하지 않았던 그의 어머니 요게벳의 젖을 먹으며 자란 유년기의 짧은 경험으로 말미암은 것입니다(히 11:23~26). 사무엘이 사울에게 "여호와께서 번제와 다른 제사를 그 목소리 순종하는 것을 좋아하심 같이 좋아하시겠나이까?"(삼상 15:22)하고 당당히 외칠 수 있는 지도자가 되었던 것은 엘리 제사장 밑에서 배웠기 때문이 아니라, 아들의 삶을 기꺼이 여호와께 의뢰한 어머니 한나를 통해 형성된 가치관 때문이었습니다(삼상 1:28). 사도 바울이 아들처럼 아끼고 신뢰했던 초대 교회의 지도자 디모데의 신앙은 그의 어머니 유니게를 통해 어려서부터 성경을 배웠기 때문에 형성된 것이었습니다(딤후 1:5, 3:15).

물음 4

엄마로서의 역할을 잘 해내기 위해 당신이 갖추어야 할 것은 무엇입니까? 생각나는 대로 다 기록해 보세요.

자녀들을 하나님의 좋은 일꾼으로 훈련하기 위해서는 엄마의 가치관을 성경적으로 정립하는 일부터 시작해야 합니다. 아이들과 삶을 같이 하는 엄마의 가치관이 성경의 가치관에 근거하지 않으면 자녀들에게 올바른 신앙교육 및 가치 교육을 할 수 없기 때문입니다. 우리가 하려는 것은 어떤 체계적이고 지적인 성경공부가 아니라, 자녀들로 하여금 성경의 원리에 따라 삶을 조망하고 실제로 그 원리대로 살아갈 수 있도록 돕기 위하여 부모된 자로서의 자신을 성숙시키는 일입니다. 그러기 위해서 먼저 자신이 지금 가지고 있는 가치관과 삶을 살아가는 방식이 성경적인지를 점검하는 것이 필요합니다. 사람들의 삶과 가치관은 자신이 몸을 담고 있는 사회와 문화의 영향력 아래에서 형성되기 때문에 자신을 그리스도인이라고 생각하는 사람들 중에도 여전히 세속적인 가치를 따라 살아가고 있는 경우가 많습니다. 그리고 그런 상태로는 자녀들을 하나님이 기뻐하시는 방법으로 양육할 수가 없습니다.

> **"너희 단장은 머리를 꾸미고 금을 차고 아름다운 옷을 입는 이로 하지 말고 오직 마음에 숨은 사람을 온유하고 안정한 심령의 썩지 아니할 것으로 하라 이는 하나님 앞에 값진 것이니라"**(벧전 3:3~4)

물음 5

당신은 직장을 가진 엄마입니까? 그렇다면 당신의 아이들은 엄마가 집에 없는 시간을 어떻게 보내고 있습니까?

'자녀의 양육자' 라는 의미를 다시 한 번 생각해 봅시다. 가정에서 엄마를 통한 교육은 자녀들과 생활을 나누는 가운데 이루어지는 것이기 때문에 엄마의 부재는 곧 생활 교육의 부재를 의미하는 것입니다. 그러므로 자녀를 양육하는 엄마가 가정 외에 전임으로 일하는 직장이 있다는 사실은 아이에게 있어서 심각한 환경적 결손이 될 수 있습니다. 따라서 이러한 결손을 보충하기 위하여 직장을 가진 엄마는 훨씬 더 부지런해야 합니다.

그렇다고 하여 전임으로 일하는 직장이 없는 엄마를 둔 아이들이 가장 좋은 환경 속에서 자라는 것은 아닙니다. 좋은 환경은 엄마가 아이와 함께 보내는 시간의 질에 의해 결정됩니다. 아이가 늘 짜증 섞인 엄마의 목소리를 들으며 자란다면 엄마와 하루 종일 함께 있는 것도 결코 유익이 되지 못합니다. 엄마와 함께 있는 시간에 아이들이 엄마의 사랑을 느낄 수 있게 해주십시오.

물음 6

엄마로서 당신의 자녀를 도울 수 있는 일들은 어떤 것들입니까?

아이는 세상에서 살아갈 아무런 준비도 되어 있지 않는 채로 태어납니다. 부모를 비롯하여 그들을 사랑하는 주변 사람들의 도움으로 살 수 있는 힘을 갖추어 가는 것입니다. 그들이 도움을 필요로 하는 부분은 음식물 공급, 위험으로부터의 보호, 신체 기능 발달, 건전한 정서 및 생활 습관의 형성과 발달, 지적 능력 계발, 하나님을 아는 지식 등 여러 분야가 있습니다. 아이들은 신체적, 정서적, 사회적, 지적, 도덕적, 영적 측면에서 골고루 성장해야 합니다. 오늘날 우리 사회는 자녀들의 신체적 성장이나 지적 성장에 지나치게 치중하는 경향이 있습니다. 그러나 사람들은 점점 비인간화되는 현대 사회 속에서 정서적으로 안정감을 누리지 못해 어려움을 겪고 있으며, 세속적인 물질문명의 풍조 속에서 도덕적으로 행할 수 있는 힘을 잃고 있습니다. 그리스도인이 된 후에도 사회적, 혹은 심리적인 상처들에 적절하게 대응하지 못하고 우울하게 살아가는 경우도 적지 않습니다. 따라서 부모는 아이들이 이런 여러 가지 측면에서 균형 있게 성장할 수 있도록 도와주어 자녀들로 하여금 삶을 기쁜 마음으로 지혜롭게 이끌어 갈 수 있는 내적인 힘을 갖추도록 해야 합니다.

"누가 현숙한 여인을 찾아 얻겠느냐 그 값은 진주보다 더하니라… 입을 열어 지혜를 베풀며 그 혀로 인애의 법을 말하며 그 집안일을 보살피고 게을리 얻은 양식을 먹지 아니하나니 그 자식들은 일어나 사례하며 그 남편은 칭찬하기를 덕행 있는 여자가 많으나 그대는 여러 여자보다 뛰어난다 하느니라 고운 것도 거짓되고 아름다운 것도 헛되나 오직 여호와를 경외하는 여자는 칭찬을 받을 것이라"

(잠 31:10, 26~30)

물음 7

당신의 남편이 직장 일로 일찍 출근해서 밤늦게 귀가하는 일이 잦다고 할 때 당신은 이에 대해서 남편에게 혹은 아이들에게 어떤 말을 합니까?

우리는 엄마로서, 아내로서, 주부로서의 역할을 감당하는데 이 세 가지는 사실상 분리된 것이 아닙니다. 그것을 수행하는 사람이 하나의 인격을 가지고 있기 때문입니다. 우리가 아내로서 혹은 주부로서 행하는 모든 일은 우리 자녀에게 삶의 가르침이 됩니다. 또 우리가 엄마로서 행하는 모든 일은 남편을 돕는 아내 역할의 일부가 될 수 있습니다. 그러므로 이 세 가지 일은 분리되어 행해질 수 없으며, 다만 균형 있게 하는 지혜가 필요합니다.

아이들이 성장하는 데는 부모 양편의 도움이 절대적입니다. 그런데 현대의 직장 중심 사회는 가정의 생계를 책임지는 가장을 가정으로부터 분리시키고 있습니다. 따라서 많은 아빠들이 자녀들과 함께 시간을 보내지 못하는 채로 자녀들의 성장기를 지나쳐 버리고 맙니다. 이를 가리켜 사람들은 '아버지 부재의 교육 시대'라고 말합니다. 그러나 아빠가 자녀들과 함께하는 시간보다 더 중요한 것은 아빠 자신이 자녀들의 양육에 대하여 책임 있는 자세를 가지는 것입니다.

현실적으로 직장일로 바쁜 아빠가 자녀를 양육하는 역할을 잘 감당하기 위해서는 엄마의 협력이 필요합니다. 아내로서 가족과 함께 충분한 시간을 함께 보내지 못하는 남편에게 불만스러운 생각이 드는 것은 당연합니다. 그러나 그렇다고 해서 불평과 불만으로 문제가 해결되는 것은 아닙니다. 더구나 엄마가 아빠에게 늘 불평과 불만을 가지고 있는 것을 아는 아이들은 정서적으로 안정되지 못할 뿐 아니라 아빠를 존경하지도 않게 됩니다. 아이가 어느 정도 성장하게 되면 아빠를 존경하지 않는 아이를 엄마의 권위만으로 이끌어 줄 수가 없다는 사실에 직면해야 합니다. 비단 자녀양육 때문이 아니더라도 이 문제에 대해 남편과 깊이 이야기를 나누십시오. 그래서 남편이 바쁜 중에서도 최선을 다하도록 협조를 구함과 동시에, 아내 자신도 어쩔 수 없는 상황을 긍정적으로 받아들이는 마음 자세를 위해 노력하십시오. 엄마의 긍정적인 사고방식은 금방 아이들에게 영향을 끼치게 됩니다.

"무릇 지혜로운 여인은 그 집을 세우되 미련한 여인은 자기 손으로 그것을 허느니라"(잠 14:1)

적용 및 과제

불평하고 짜증내는 습관이 있으면 고치려고 노력하세요. 엄마는 자녀들의 사고방식을 결정하는 가장 중요한 사람입니다. 당신의 삶 가운데 불평하거나 짜증내고 싶었던 경험이 있었습니까? 만일 당신이 자녀들 앞에서 불평하거나 짜증을 냈다면 당신의 삶은 최소한 그 순간 그 부분에서는 실패한 것이고, 만일 당신이 관용하는 마음과 하나님의 섭리에 대한 신뢰를 가지고 불평하거나 짜증내고 싶은 유혹을 이겨냈다면 그 순간만큼은 삶에 성공한 것입니다. 아래에 최근의 성공담 혹은 실패담을 기록해 보세요.

제3과

권위

이야기

"아니, 얘가 어른한테 그게 무슨 말버릇이야? 난 네 엄마야, 엄마! 부모가 하라면 하는 거지. 너 이제 좀 컸다고 엄마를 무시하는 거야? 가서 회초리 가지고 와!"

물음 및 점검

물음 1

위의 경우처럼 자녀들이 엄마인 당신에 대해 무례하거나 당신을 무시한다고 느낀 일이 있습니까? 그럴 때는 어떻게 해야 할까요?

"자녀들은 부모에게 순종하는 것이 마땅합니다. 그것은 하나님께서 부모에게 자녀를 다스리기 위한 권위(authority)를 주셨기 때문입니다."(엡 6:1, Today's Living Bible 번역)

자녀가 부모에게 순종하는 것은 마땅한 일이기 때문에 자녀들이 불순종하거나 부모의 권위에 도전하는 것처럼 느껴질 때 당황스럽고 화가 나는 것은 당연합니다. 그러나 '부모 자신이 주장하는 권위'는 자녀들에게 외적인 권위, 즉 권위의식으로 다가옵니다. 자녀들은 권위의식을 가지고 억누르는 부모에게 반항심을 가집니다. 반면에 '자녀가 스스로 부모를 인정하는 권위'는 내적인 권위로써 부모에 대한 존경심에 기초한 것입니다.

하나님은 자녀들의 마음속에 권위에 대한 인식을 이미 심어 두셨습니다. 그러므로 부모는 이미 존재하고 있는 내적 권위를 잃지 않도록 해야 합니다. 그것은 그 권위를 올바로 사용함으로써 가능합니다. 자녀를 억압하거나 강제로 명령하는 일은 권위를 올바로 사용하는 것이 아닙니다. 예수께서 세상에 계실 때, 그분은 하나님의 권위를 가지셨으면서도 인내하고 관용하는 사랑과 삶의 모범을 통해 그분의 권위를 유지하셨던 것입니다. 만일 그런 것들이 없었다면 그분이 가지셨던 권위는 한때로 끝나 버렸을 지도 모릅니다.

어느 정도 성장한 자녀들이 무례하게 대답하거나 부모를 무시하는 듯한 행동을 할 때는 "얘야, 그렇게 말하면 못 쓴다. 네가 그렇게 말하니 엄마가 무척 실망스럽구나"라고 말하면서 조용히 타이르는 것이 효과적입니다. 엄마가 화가 나서 큰 소리로 잔소리하기 시작하면서 아이의 반항심은 엄마의 잔소리와 함께 점점 커질 것입니다.

물음 2

권위와 권위 의식은 어떻게 다릅니까?

하나님은 부모로 하여금 자녀를 바르게 이끌고 양육하도록 하기 위해 권위를 주셨습니다. 부모는 그 권위를 올바로 사용해야 합니다. 하나님이 우리에게 주신 것은 권위이지 권위의식이 아닙니다. 부모의 권위는 하나님이 주신 것이므로 우리가 부모로서의 역할을 잘 감당하면 권위는 자연스럽게 세워집니다. 그러나 권위의식을 가지고 자녀를 억누르면 하나님이 주셨던 자연스러운 권위를 잃어버리게 됩니다. 그 권위는 위로부터 주어지는 것이며, 또한 부모 자신이 아닌 자녀들로부터 인정받는 것입니다.

물음 3

자녀양육에 있어서 권위가 필요합니까? 필요하다면 어떤 때, 어떤 이유로 필요합니까?

권위는 자녀를 가르치고 이끌어 주기 위해 반드시 필요합니다. 권위를 가진 사람에게서 나온 가르침이라야 실행의 효력이 있습니다. 우리가 부모로서의 권위를 상실했다면 우리 자녀들은 우리의 가르침을 따르지 않을 것입니다. 너무 어려서 누군가의 도움이 필요할 때 일시적으로 따른다고 하여도 그것은 진정한 순종이 아닙니다.

권위가 지속적인 효력을 발휘하려면 존경심이 뒷받침되어야 합니다. 당신이 권위를 사용하여 자녀에게 벌을 준다고 가정합시다. 만일 당신의 자녀가 당신을 존경하지 않는다면 그들은 당신이 자기 옆에서 잘못된 행동을 제어할 때만 당신에게 순종하는 듯 행동할 뿐, 자신을 통제하는 사람이 아무도 없을 때에는 마음대로 행동할 것입니다.

물음 4

당신의 말은 자녀들에게 권위를 가집니까? 다시 말해서 당신의 자녀들은 당신의 말과 생각을 존중합니까?

자녀들이 부모의 권위를 인정하는지는 그들이 부모의 말을 존중하는가의 여부로 확인할 수 있습니다. 만일 그들이 부모가 하는 말에 귀를 기울이지 않거나 관심을 보이지 않는다면, 부모는 자녀양육에 있어서 중요한 힘을 상실한 것입니다. 그러므로 이런 상태에서 빨리 회복되어야 합니다.

물음 5

어떻게 하면 부모로서의 권위를 유지할 수 있을까요?

부모들이 권위를 잃어버리는 이유는, 첫째로 그들의 말이나 행위가 자녀로부터 신뢰받지 못하기 때문입니다. 어떤 이유로든지 우리 자녀가 우리를 신뢰하지 않게 되었다면 우리는 그들을 이끌어 줄 권위를 상실하게 된 것입니다. 이런 경우에는 빨리 신뢰를 회복해야 합니다. 이것은 우리 자신의 말과 행위에 있어 신실함을 되찾을 때 가능합니다.

부모들이 권위를 잃어버리는 둘째 이유는 부모된 우리 자신이 자녀들을 존중하지 않기 때문입니다. 사람은 자기를 존중해 주는 사람의 말과 의사를 존중하게 되어 있습니다. 부모로 부터 인격과 생각을 무시당하여 마음에 상처를 입은 자녀는 절대 부모를 존경하지 않습니다. 다시 말해서 부모의 권위를 인정하지 않게 됩니다. 그러므로 자녀에게 권위를 인정받기 위해서는 자녀에 대한 존경심을 잃지 말아야 하며, 그러기 위해서는 자녀를 한 인격체로서 존중하는 마음을 가지고 사랑해야 합니다.

존경심은 부모의 권위가 지속적으로 작용하기 위한 필요조건입니다. 그런데 그것은 요구함으로써 얻어지는 것이 아닙니다. 그것은 사랑을 받는 사람들이 사랑을 주는 사람에 대하여 가지게 되는 자연스러운 감정입니다. 물론 서로 관계를 가지지 않는 사람들 사이에도 객관적인 존경심이 생길 수 있으나, 부모에 대하여 가지는 존경심은 부모와 자녀라는 관계를 전제로 한 것이기 때문에 사랑이 없이는 생길 수 없습니다. 그러므로 부모의 권위가 바르게 작용되기 위해서는 제일 먼저 자녀들이 부모의 사랑을 느껴야 합니다.

적용 및 과제

아이들로부터 존경심을 잃지 않도록 다음과 같이 실천해 보세요.

1) 아이들의 이야기를 귀담아 들어주기

2) 감정대로 소리 지르지 않고 차분하게 말하기

3) 아이들과 약속한 것은 반드시 지키기

4) 아이들에게 가르치는 것을 부모 자신도 모범적으로 행하기

5) 아이들이 어려운 일에 부딪쳤을 때 진심으로 도와주기

6) 잘못한 것이 있을 때는 솔직하게 시인하고 사과하기

제4과

격려

이야기

한스 크리스찬 안데르센은 어릴 때부터 글쓰기를 좋아했다고 한다. 11살 때 안데르센은 희곡을 써서 이 사람 저 사람에게 읽어 주었다. 그러나 누구 하나 칭찬해 주는 사람이 없었다. 마지막으로 이웃집 아주머니에게 글을 보여 주었는데 아주머니는 "바빠서 정신이 없는데, 뭐지? 원, 그런 엉터리 글을 듣고 있으란 말이냐?" 하고 핀잔을 주었다. 이 말에 그는 참다못해 그만 울음을 터뜨리고 말았다.

처음부터 이 모든 일을 주의 깊게 살펴보던 안데르센의 어머니는 부드러운 음성으로 그를 불렀다. 그리고 아들을 데리고 정원으로 갔다.

"자, 이것을 보렴. 이제 막 흙 속에서 얼굴을 내민 귀여운 잎이구나. 한스야, 너는 이 새싹과 마찬가지야. 아직 아름답지는 않지만 이제 얼마 있으면 굉장한 꽃을 피워 모두를 즐겁게 할 수 있을 거야. 자, 그러니 너도 이제부터 힘을 내는 거야."

물음 및 점검

물음 1

자녀가 이룬 것이 아무리 사소한 것이라도 진심으로 기뻐하고 칭찬해 준 경험이 있으면 기록해 보세요.

자녀를 잘 양육하기 위해 부모는 먼저 자녀를 격려하는 법을 배워야 합니다. 아이들의 감정을 함께 나누는 것은 그들에게 큰 격려가 될 수 있습니다. 자신의 기쁨을 함께 기뻐해 주고 자신의 아픔을 함께 나눌 수 있는 사람이 있다는 사실은 누구에게나 큰 힘이 됩니다.

물음 2

위의 이야기에서 나오는 안데르센의 어머니에게서 무엇을 배울 수 있습니까?

어떤 사람이 우리를 위해 기쁨과 감사한 마음으로 쉬지 않고 기도한다는 사실은 우리에게 큰 힘이 됩니다. 뿐만 아니라 우리가 무슨 일인가를 잘 해낼 수 있을 것이라고 믿어 준다면, 그보다 더 큰 격려는 없을 것입니다.

빌립보서를 기록한 사도 바울은 빌립보에 있는 성도들이 마음을 같이 하여 겸손한 마음으로 다른 사람들을 높이는 일에 있어서 부족할 뿐 아니라 다른 몇 가지 일들에 있어서도 문제가 있다는 사실을 알았지만, 먼저 그들의 장점을 인정하고 칭찬하는 일을 잊지 않았습니다. 그리고 그들에 대한 신뢰의 바탕이 하나님에 대한 신뢰에 근거하고 있음을 말함으로써 그들을 격려하는 일도 잊지 않았습니다.

"내가 너희를 생각할 때마다 나의 하나님께 감사하며 간구할 때마다 너희 무리를 위하여 기쁨으로 항상 간구함은 첫날부터 이제까지 복음에서 너희가 교제함을 인함이라 너희 속에 착한 일을 시작하신 이가 그리스도 예수의 날까지 이루실 줄을 우리가 확신하노라"(빌 1:3~6)

물음 3

만일 안데르센의 어머니가 이웃집 아주머니와 같은 말을 했다면 안데르센은 어떻게 자랐을까요?

사람들은 다른 사람이 한 말에 의해 격려를 받기도 하고 상처를 받기도 합니다. 그 중에서도 부모의 말은 아이의 일생에 큰 영향을 끼치는 힘을 가지고 있습니다. 부모는 지나가는 말로 했더라도 어떤 말은 아이에게 뼛속 깊이 새겨진 상처가 되어 낙심한 인생을 살게 할 수도 있고, 혹은 반대로 어떤 말은 일생 동안 아이를 옆에서 격려하는 힘이 될 수도 있습니다.

물음 4

아이가 실수했거나 낙심했을 때 잘못을 따지지 않고 격려해 준 경험이 있습니까?

아이가 실수했다는 사실을 알면서도 잘못을 따지지 않고 지나가기란 쉽지 않습니다. 보통 엄마들은 아이들이 낙심해 있거나 일이 잘 되지 않을 때 이해하고 위로해 주기보다는, 낙심한다는 사실 자체를 받아들이지 못하거나 무엇이 문제인지를 지적하는 데에만 급급하기 쉽습니다. 뿐만 아니라 아이들의 일이 잘 되지 않을 때 엄마가 먼저 감정이 폭발하거나, 혹은 아이가 낙심하고 있는 모습을 보고 엄마조차 낙심하고 포기하는 경우도 있습니다.

이런 경우에 엄마로서 명심해야 할 사실은, 엄마는 아이와 함께 낙심하지 말아야 한다는 것입니다. 엄마가 해야 할 일은 아이를 이해해 주고 위로해 주는 것입니다. 그리고 이 일로 아이에 대해 실망하지 않았다는 사실을 보여 줌으로써 아이에게 희망을 주고 기운을 북돋워 주는 자세가 필요합니다. 아이가 실수를 했거나 낙심해 있는 때는 그들을 격려할 수 있는 좋은 기회입니다.

물음 5

아이 개개인의 특성을 고려해 볼 때, 당신의 자녀들은 각각 어떤 면에서 당신의 격려를 필요로 합니까?

· 첫째 아이

· 둘째 아이

· 셋째 아이

각 사람이 가지고 있는 성격적 특성과 재능이 다르기 때문에 아이마다 격려해야 할 부분과 격려하는 방법이 달라야 합니다. 어떤 아이는 칭찬을 해주는 것으로 충분한가 하면 어떤 아이는 조금 더 도전적인 일을 맡김으로써 더 효과적으로 격려할 수 있습니다. 어떤 아이는 그저 묵묵히 지켜보는 것으로 격려를 받기도 하지만, 어떤 아이는 다가가서 위로해 주고 응원해 주어야 합니다. 어떤 경우에는 엄마가 실패했던 경험을 듣는 것이 격려가 될 수도 있고, 어떤 경우에는 앞으로 있을 일을 즐거운 마음으로 상상하게 하는 것이 격려가 될 수 있습니다.

물음 6

부모의 어떤 태도가 자녀를 격려할 수 있을까요?

아이를 격려하는 데 있어서 부모의 긍정적인 태도는 매우 중요합니다. 부모 자신이 아이에 대한 소망을 잃지 않아야 합니다. 부모에게 사랑받는다는 느낌과 아이의 삶에 대한 부모의 긍정적인 태도는 아이에게 긍정적인 자아와 삶에 대한 적극적인 자세를 심어 줍니다. 그러므로 아이가 잘한 일이 있을 때 그것을 칭찬해 주는 것은 아이를 크게 격려합니다. 반면에 아이가 잘못된 언행을 할 때는 책망하는 데 그치지 말고 타이르며 올바르게 이끌어 주는 데 초점을 두어야 합니다.

그리고 아이와 함께 있는 시간은 서로 사랑을 주고받는 시간이 되어야 합니다. 그러기 위해서는 아이의 이야기에 귀를 기울여 주고, 아이와 함께 엄마의 어린 시절 이야기도 나누며, 허황된 듯한 아이의 장래 희망도 재미있게 들어주는 여유 있는 마음이 필요합니다. 아이들은 이런 시간을 통해 엄마에게 사랑 받는다는 사실을 느끼게 되지요. 사랑 받는다는 느낌보다 더 아이를 격려하는 것은 없습니다. 사랑은 두려움을 내어 쫓고(요일 4:18) 아이를 격려해 줍니다. 늘 성적 이야기만 하는 엄마도 아이를 사랑하기 때문에 그러는 것이라고 말하겠지만, 사랑은 받는 이에게 '느껴져야' 사랑으로서 가치가 있습니다. 그렇기 때문에 아이들은 어려운 일을 당했을 때 위로해 주는 사람에게서 사랑을 느끼고, 그 사람을 통해 큰 격려를 얻는 것입니다.

물음 7

아이들이 한 어떤 행동에 대해서 상을 준 일이 있습니까?

때로 우리는 아이가 한 일을 칭찬하기 위해서 상을 주기도 합니다. 이럴 때 상의 의미는 아이와 함께 기뻐하는 부모의 마음을 전달하는 데 있습니다. 그러나 항상 물질적인 상을 주는 방법으로 자녀를 격려하는 것은 외적인 동기에 의존하는 것이므로 바람직하지 않습니다. 상을 줄 때는 반드시 아이의 훌륭한 행동을 격려하는 말과 행위가 동반되어야 합니다. 진정한 격려는 아이에게 사랑의 확신을 심어 주는 것입니다.

적용 및 과제

1. 다음과 같은 말로 아이가 사랑을 느끼게 해주고 아이를 격려해 주세요.

"잘 할 수 있을 거야."

"엄마는 네가 잘 해낼 수 있으리라고 생각해."

"우리 ○○이는 엄마에게 제일 귀중한 보물이란다."

"정말 잘 했다!"

"염려 말아라. 누구나 때로 실수할 때가 있단다."

"엄마는 그게 꼭 잘못된 일이라고 생각하지는 않아. 어쩌면 그것 때문에 나중에 일이 더 잘 될 수도 있지 않을까?"

"성적이 잘 안 나와서 속상하지? 엄마도 마음이 좋진 않지만, 엄마는 네가 열심히 노력했다는 사실이 더 중요하다고 생각해."

"엄마는 이렇게 생각하는데, 네 생각은 어떠니?"

"네가 해준 말이 엄마에게 큰 도움이 되었단다."

그 밖에 아이들을 격려해 주었던 말들을 적어 보세요.

2. 다음과 같은 말은 피하도록 하세요.

"네까짓 게 뭘 안다고!"

"우리 ◯◯이는 정말 대단한 아이야."(아이의 인격에 관한 표현은 막연한 칭찬보다는 "야! 정말 대단한 일을 했구나"라는 표현으로 바꾸는 것이 바람직합니다.)

"그까짓 일을 가지고 뭐 그리 호들갑이냐?"

"잘~했다. 넌 왜 애가 매사에 그 모양이니?"

"그러니까 내가 뭐라고 했니?"

"너 같은 애는 싹이 노랗다."

제5과

책망과 잔소리

이야기

그날도 루트비히는 아버지로부터 피아노 교습을 받고 있었다. 그는 잔뜩 겁에 질린 표정으로 건반을 두드리고 있었다. 한창 연주가 진행되어 갈 즈음 갑자기 아버지가 버럭 고함을 질렀다.

"야! 또 틀렸잖아."

루트비히는 거의 울상이 되어 건반에서 손을 뗐다.

"다시 한 번 쳐 봐라. 이번에도 틀리면 그냥 두지 않을 거야."

루트비히는 치다 만 곡을 처음부터 다시 치기 시작했다. 그러나 또다시 같은 곳에서 틀리고 말았다.

"다시 한 번 쳐 봐!"

"싫어요!"

"뭐야, 이 자식이!"

화가 머리끝까지 난 아버지는 루트비히에게 마구 매질을 했다. 이번 기회에 아들의 버르장머리를 뜯어 고쳐 놓겠다고 작정했는지 아버지는 매를 멈추지 않았다. 그때 어머니가 끼어들지 않았다면 어린 루트비히는 실신했을지도 모른다.

울면서 방으로 들어간 루트비히는 이불을 뒤집어쓰고 누워 버렸다. 어머니가 살며시 들어와 아들의 몸을 걱정스레 살폈다.

"루트비히, 진정해라. 아버지가 그러신 것은 네가 미워서가 절대 아니란다. 자, 울음을 뚝 그치고…."

그러나 루트비히는 계속 오열을 터뜨렸다.

"싫어, 싫어! 나 이제는 피아노 안 칠거야."

"그러면 앞으로 어떻게 하겠니?"

"나 빵장수 할래."

"그래, 그것도 좋다만 아버지는 음악가잖니? 할아버지도 훌륭한 음악가였고 말이다. 너는 음악가 집안인 베토벤 가에서 태어났으니 이왕이면 음악을 공부하는 편이 낫지 않겠니?"

어머니는 루트비히가 알아듣도록 차근차근 설명했다. 어머니의 말씀을 듣고 보니 그도 그런 것 같았다. 아직 어려서 사리 판단은 못하지만, 어쩐지 어머니의 말씀을 따르는 편이 좋을 것 같았다.

『큰 사람을 길러 낸 어머니들』(심경석 편저, 오늘, p.24~25)

물음 및 점검

물음 1

당신이 자녀를 가르치는 방법은 위의 이야기에 나오는 아버지와 어머니 중 어떤 쪽에 가깝습니까?

"혹은 칼로 찌름같이 함부로 말하거니와 지혜로운 자의 혀는 양약 같으니라"(잠 12:18)

물음 2

당신은 자녀에게 자주 화를 내는 편입니까? 주로 어떤 때 화를 내게 됩니까?

물음 3

화를 내는 것과 꾸짖는 것은 어떻게 다릅니까?

꾸짖는 것은 단순히 화를 내는 것과 다릅니다. 화를 내는 것은 아이의 말이나 행동에 대한 부모의 감정 표현에 지나지 않습니다. 그러나 꾸짖는 것은 아이를 바로 잡기 위한 것이며 자녀의 올바른 성장에 초점을 둔 것입니다. 부모는 스스로 자신의 감정을 다스리는 훈련을 해야 합니다 부모 역시 실망하거나 화가 날 때가 있습니다. 그러한 감정 자체를 부정하는 것이 아닙니다. 문제는 실망하거나 화가 나는 감정을 그들에게 쏟아 붓는 것에 있습니다. 자녀에게 화풀이하는 것은 그들에게 전혀 유익이 되지 못합니다. 화가 나서 감정을 조절하기 힘들거든 아이로부터 떨어져 혼자 있는 것이 좋습니다. 그리고 나서 감정이 평정된 후에 아이를 불러 꾸짖거나 타일러야 효력이 있습니다.

"노하기를 더디 하는 자는 크게 명철하여도 마음이 조급한 자는 어리석음을 나

타내느니라"(잠 14:29)

"유순한 대답은 분노를 쉬게 하여도 과격한 말은 노를 격동하느니라"(잠 15:1)

위의 말씀들은 우리가 다른 사람들을 대하는 데 있어서 교훈이 되는 중요한 잠언입니다. 그러나 이것은 어느 누구보다도 먼저 자녀들을 대할 때 적용해야 할 교훈입니다. 자녀의 인격을 존중하십시오. 그는 하나님의 형상대로 지음 받아 당신에게 맡겨진 하나님의 자녀입니다. 부모의 책망은 자녀에게 양약이 되는 반면, 화풀이나 반복되는 잔소리는 오히려 자녀의 감정을 자극하여 반항하게 하는 극약이 됩니다.

부모가 자녀를 사랑한다는 사실은 아무도 부인하지 못합니다. 그러나 그 사랑이 효력을 거두기 위해서는 적절하게 표현되어야 합니다. 부드러운 어조로 자녀를 책망하거나 훈계하는 것은 자녀에게 사랑을 전달해 주지만, 화풀이나 반복되는 잔소리는 오히려 사랑을 의심하게 힙니다.

물음 4

자녀를 꾸짖거나 훈계해야 할 때는 언제입니까?

"아이의 마음에는 미련한 것이 얽혔으나 징계하는 채찍이 이를 멀리 쫓아내느니라"(잠 22:15)

"슬기로운 자의 책망은 청종하는 귀에 금고리와 정금 장식이니라"(잠 25:12)

"채찍과 꾸지람이 지혜를 주거늘 임의로 하게 버려두면 그 자식은 어미를 욕되게 하느니라"(잠 29:15)

성경은 우리에게 자녀를 양육하는 데 있어서 책망(꾸지람)이 필요하다고 가르칩니다. 잘못된 생각과 행동을 바로 잡는 책망이 없이는 아이를 지혜로운 사람으로 키울 수 없습니다. 성경(특히 잠언)에서 말하는 지혜로운 자는 행실이 의로운 자, 정직한 자, 부지런한 자입니다. 만일 우리가 아이의 잘못을 보고도 책망하여 바로 잡지 않는다면, 그 아이는 부모를 욕되게 할 것입니다. 뿐만 아니라 더 심각한 점은 우리가 그렇게도 사랑하는 자녀 자신의 삶에 소망이 없어진다는 사실입니다. 그러나 책망할 때 잊지 말아야 할 것은 반드시 사랑과 지혜를 겸해야 한다는 점입니다. 그래야 책망이 책망으로써 효력을 발휘할 수 있습니다. 그렇지 않으면 책망은 반항을 불러일으키는 씨앗이 될 수도 있습니다.

물음 5

이미 저지른 잘못에 대해 자녀가 깨달았음에도 불구하고 두고두고 되풀이하여 야단친 적이 있습니까? 식사 시간이나 등교 시간을 잔소리하는 시간으로 사용하고 있지는 않습니까?

"부모들에게도 한마디 당부하겠습니다. 자녀들을 너무 꾸짖지 마십시오. 또 잔소리를 늘어놓아 반항심을 일으키거나 분노를 품게 하지 마십시오. 그보다는 주님의 사랑이 담긴 훈계와 조언과 충고로 키우십시오"(엡 6:4, 현대어 성경)

물음 6

당신의 자녀들은 어떤 때 부모에게 반항하거나 화를 냅니까?

우리 집 아이들을 관찰한 결과, 아이들은 엄마가 자기들의 잘못을 조용히 타이르거나 혹 큰 소리를 내더라도 맨 처음 지적할 때는 공손하게 잘못을 인정하고 듣지만, 계속해서 반복하여 장황하게 잔소리할 때는 화를 내는 것을 알았습니다. 잔소리는 일반적으로 아빠보다는 엄마이 문제입니다. 엄마는 누구보다 많은 시간을 아이들과 가까이 부대끼면서 지내기 때문에 잔소리를 하게 될 기회가 많은 것이 사실입니다. 그러나 잔소리를 해결하시 않으면 우리 아이들은 엄마의 말에 더 이상 귀를 기울이지 않을 것입니다. 잔소리를 해결하는 방법은 아이와 자신을 동시에 훈련하는 것입니다. 훈련에 관해서는 다음 과에서 다룰 것입니다.

물음 7

관용해야 할 때는 언제입니까?

"저희가 조반을 먹은 후에 예수께서 시몬 베드로에게 이르시되 요한의 아들 시몬아 네가 이 사람들보다 나를 더 사랑하느냐 하시니 가로되 주여 그러하외다 내가 주를 사랑하는 줄 주께서 아시나이다 가라사대 내 양을 먹이라 하시고"(요 21:15)

주와 함께 죽을지언정 절대로 주를 모른다고 하지 않겠다고 장담했던 베드로가 세 번씩이나 주를 부인했습니다. 그는 그 사실로 인해 심히 통곡했을 뿐 아니라 주님을 다시 보기도 부끄러웠을 것입니다. 그런데 예수님은 그런 베드로에게 친히 나타나셨습니다. 그리고 그의 연약함을 더 이상 책망하시지 않고 큰 일을 맡기셨습니다. 때때로 실수하고 책망 받을 일을 저지르기도 하지만 그럼에도 불구하고 우리가 신뢰해 줄 때 그들은 큰 위로와 격려를 얻게 됩니다.

"허물을 덮어 주는 자는 사랑을 구하는 자요 그것을 거듭 말하는 자는 친한 벗을 이간하는 자니라"(잠 17:9)

"노하기를 더디 하는 것이 사람의 슬기요 허물을 용서하는 것이 자기의 영광이니라"(잠 19:11)

적용 및 과제

1. 자녀가 잘못했을 때 말하는 방법을 바꾸어 봅시다.

❶

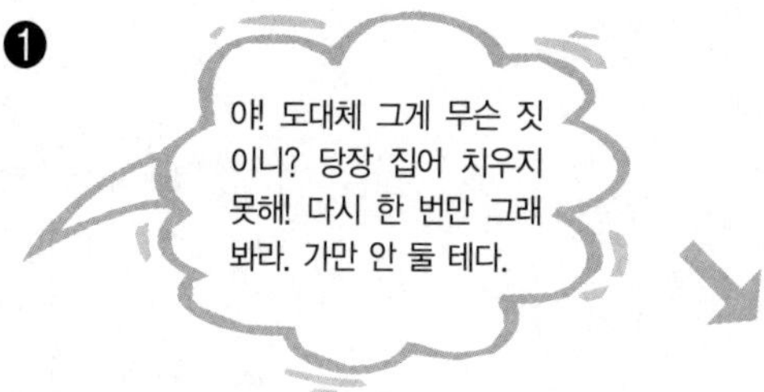

엄마는 네가 그런 행동을 하는 것을 보면 화가 난단다. 네가 책임감 없는 사람이 될까봐 걱정도 되고 말이야. 어떻게 하면 고칠 수 있을까?

❷

야! 준비물 챙기는 게 엄마 일이니? 너도 내일 모레면 중학생이야. 네 일은 네가 알아서 해!

○○아, 네가 공부할 준비물 챙기는 것은 누가 할 일이지? 너도 이제 곧 중학생이 될 텐데, 자기 일은 스스로 알아서 하도록 해야지.

2. 화가 났을 때 아이에게 큰소리로 화를 내거나 잔소리하지 말고 조용히 타이르며 대화해 보세요. 그리고 그 내용을 아래에 적어 보세요.

제6과

사랑에 기초한 훈련

이야기

맥코비McCoby와 마틴Martine은 부모들의 역할 유형에 대한 연구를 발표한 바 있다. 이들은 부모의 역할 수행에 있어서 가장 중요한 축으로 '사랑'과 '통제'(훈련)를 꼽았다. 그리고 사랑과 통제(훈련)의 기능을 적절하고 균형 있게 수행하는 부모를 '권위적'(authoritative;민주적 권위) 유형, 통제(훈련) 기능이 극대화되고 사랑의 기능은 결핍된 부모를 '권위주의적'(authoritarian;독재적 권위) 유형, 통제(훈련)의 기능은 전혀 고려하지 않고 사랑만을 앞세우는 부모를 '허용적' permissive 유형, 사랑과 통제(훈련)의 기능을 모두 유기한 부모를 '방임적' indifferent 유형이라고 구분 지었다.

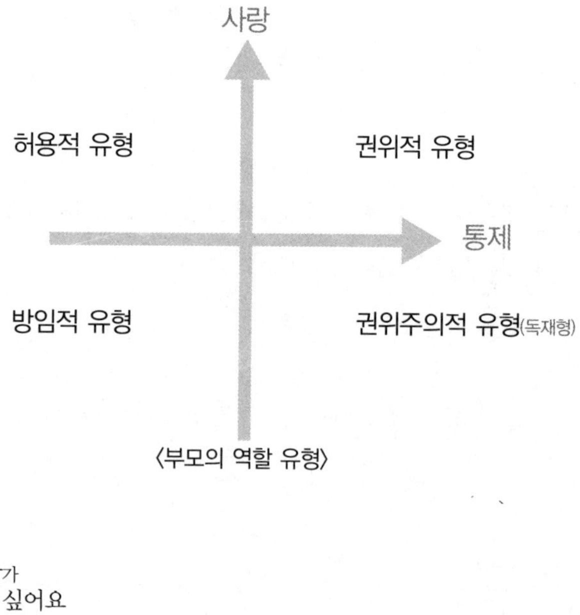

〈부모의 역할 유형〉

물음 및 점검

물음 1

당신은 위의 네 가지 유형 중 어느 쪽에 속합니까?

자녀를 올바로 양육하기 위한 노력은 일관성 있게 행해져야 합니다. 그러기 위해서는 일정한 지침을 가지고 자녀를 대하는 것이 중요합니다. 부모들은 자녀를 양육함에 있어서 사랑하고 이해하는 측면과 가르치고 이끌어 주는 측면 사이에 균형을 유지해야 합니다. 자녀에게 충분한 사랑을 주되 그들을 적절하게 통제하며 이끌어 주고자 하는 의지를 가지고 자녀를 양육해야 합니다.

> **"마땅히 행할 길을 아이에게 가르치라 그리하면 늙어도 그것을 떠나지 아니하리라"**(잠 22:6)

물음 2

당신의 부모 역할 유형은 일정하게 유지되고 있습니까? 아니면 때에 따라 변합니까?

훌륭한 부모가 되고자 하는 사람들은 자녀에게 권위를 올바르게 사용하며 사랑과 통제의 기능을 균형 있게 수행하는 '권위적인' 부모가 되려고 힘씁니다. 그러나 실제에 있어서 많은 부모들이 '권위주의적' 인 태도로 자녀를 억누르다가도, 어느새 아이들이 하는 대로 내버려두는 '허용적' 인 부모가 되기도 합니다. 이것은 부모가 일관된 양육 의지를 가지고 있지 못하기 때문이라고 할 수 있습니다. 부모가 이처럼 일관성을 잃고 갈팡질팡하게 되면 아이들이 올바로 자랄 수 없습니다.

물음 3

위의 네 가지 유형 중 가장 바람직한 유형은 말할 필요도 없이 '권위적' 유형입니다. 만일 당신이 자녀에게 사랑과 통제(훈련)의 기능을 지속적으로 균형 있게 수행하고 있지 않다면 어떤 문제가 생길 수 있을까요?

'권위주의적' 유형의 부모와 '허용적' 유형의 부모와 '방임적' 유형의 부모를 가진 자녀에게 나타날 수 있는 문제점들에 관해서 나름대로 정리해 보세요.

(1) 권위주의적 유형

(2) 허용적 유형

(3) 방임적 유형

"초달을 차마 못하는 자는 자식을 미워함이라 자식을 사랑하는 자는 근실히 징계하느니라 (He who spares the rod hates his son, but he who loves him is careful to discipline him)"(잠 13:24)

잠언 13장 24절 말씀에서 가르치는 것은 자녀를 올바로 양육하는 데 있어서 매가 필요하냐는 것입니다. 매rod는 반드시 때리기 위해서만 사용되는 것은 아닙니다. 양을 치는 목자가 가지고 있는 지팡이rod는 양을 보호하고 인도하기 위한 것입니다. 그러므로 자녀를 양육하는 데 있어서 매가 필요하다고 하는 말은 자녀를 올바로 양육(훈련)하기 위한 지침이 필요하다는 말입니다. 자녀의 욕구를 무조건 억누르려고 해서도 안 되지만, 전혀 통제하지 않고 요구하는 대로 허용하는 것은 아이를 양육하는 것이 아니라 망치는 것입니다.

물음 4

방학 중에 아이들은 늦잠을 자고 싶어 합니다. 대부분의 경우는 잠이 필요해서라기보다는 단지 게으름을 부리는 것이지요. 그런데 어느 날 아이의 친구가 집에 놀러 와서 잠을 자게 되었습니다. 다음날 아침, 일어나는 시간에 대한 이야기가 나오자 그 친구는 자기 집에서는 아침에 얼마든지 늦잠을 자도 된다는 사실을 이야기했습니다. 이런 경우 당신은 어떤 태도를 취합니까?

자녀들과 약속한 규칙에 대해서 예외 규정을 허용하기 시작하면 자녀를 훈련하는 데 있어 효과를 거두기 어렵습니다. 예를 들어 손님이 오셨을 때에는 아이의 잘못된 행동에 대해 눈감아 주거나 손님이 계신 앞에서 아이가 문제를 크게 만드는 것을 원치 않아서 일단 아이의 입을 막기 위한 방편을 취하는 것은 아이에게 바르지 못한 심성과 태도를 심는 행위가 됩니다. 보통 아이들은 기회를 이용하는 데 천재적인 경우가 많습니다. 그러므로 부모의 단호하고 엄격한 태도가 아이를 바르게 자라게 한다는 사실을 명심해야 합니다. 단호하고 엄격한 태도는 아이에게 화를 내고 무섭게 대하는 것을 의미하지 않습니다. 조용하고 부드러우면서도 분명한 태도를 취하는 것을 말합니다.

위의 물음 4와 같은 상황이 생겼을 때에는 아이의 친구에게 "우리 집에서는 우리 집의 규칙이 있으니까 네가 우리 집에 있는 동안에는 우리 규칙을 따라야 한단다"하고 말해 주는 것이 옳다고 생각합니다.

물음 5

당신은 자녀의 소원은 형편이 허락하는 한 무엇이든지 들어주려고 하십니까?

아이를 주의 교양과 훈계로 훈련시키고자 하는 의지가 없다면 아이가 원하는 것은 무엇이든지 들어주고 싶은 것이 부모의 당연한 마음입니다. 그러나 아이의 요구를 다 들어주는 것은 아이를 위한 최선이 아니라는 사실을 명심해야 합니다.

심리학자들은 자녀의 마음이 상처를 받기 쉽다는 사실을 강조합니다. 성경에도 자녀의 감정을 건드려 화나게 하지 말라는 권면이 있습니다. 그러나 사랑이 담긴 단호한 훈련을 행하는 것조차 두려워하는 것은 어리석은 일입니다. 속지 마십시오. 그들은 부모의 처사가 부당할 때 상처를 받는 것이지 단호하고 엄격한 처사 자체에 상처를 받는 것이 아니라는 사실을 알아야 합니다.

물음 6

자녀에게 허용해서는 안 되는 일들에는 어떤 것들이 있습니까?

"당신의 아들을 훈련(훈계, 징계)**하십시오. 그래야 소망이 있기 때문입니다. 그렇지 않으면 그의 영혼은 죽게 될 것입니다."**(잠 19:18, 필자 역)

허용과 관용은 구분되어야 합니다. 아이가 잘못을 깨닫고 뉘우치고 있을 때 이를 용서하는 것은 관용입니다. 그러나 허용은 자녀의 잘못을 그대로 묵인하는 것입니다. 사람은 누구나 실수할 수 있습니다. 그러나 잘못된 행동이 자리를 잡는 것은 부모의 허용으로부터 시작한다는 사실을 명심하십시오. 아이들이 상스러운 말을 하는 것을 그대로 두면 그것은 그런 말을 해도 좋다는 의미가 됩니다.

훈련은 벌을 주는 것과는 근본적으로 다릅니다. 아이들이 어릴 때 간혹 매를 사용하는 것이 필요하다는 사실을 인정한다 하더라도 매는 훈련의 지극히 작은 일부에 해당합니다. 자녀를 사랑으로 훈련할 때 당신은 결코 감정에 좌우되어서는 안 되며 분명하면서도 단호한 행동을 취해야 합니다. 자녀를 동정하는 것은 그들을 망치게 하는 것입니다.

당신이 자녀에 대해 엄격한 가운데서도 사랑을 충분히 보여 준다면 당신의 자녀는 훈련 자체를 좋아하지는 않는다 하더라도 당신을 존경할 것이며 머지않아 당신이 행한 사랑의 훈련에 감사하는 마음을 가지게 될 것입니다.

물음 7

자녀에게 비위를 맞추기 위해 상을 주거나 혹은 반대로 소리를 지르거나, 강요하는 방법으로 벌을 주고 있지는 않습니까?

양육 혹은 교육에 있어서 상벌 방법은 오래 전부터 부모나 교사가 사용해 왔을 뿐 아니라 행동주의 심리학자 스키너에 의해 체계화되어 교육계에 영향을 끼쳐 왔던 방법입니다. 이 방법은 일시적인 효과를 거두는 데에는 가장 빠른 방법이 될 수 있습니다. 그러나 자녀를 양육하는 부모로서 우리의 진정한 목적은 자녀들이 어떤 하나의 행동으로 인해 상을 받는 데 만족하거나 벌을 받음으로써 자신의 잘못에 대한 보상을 치렀다고 생각하게 하는 것이 아닙니다. 우리가 진정으로 원하는 것은 그들을 격려하고 사랑으로 훈련함으로써 그들이 하나님 앞에서 바르게 설 수 있도록 하는 것입니다.

물음 8

자녀를 훈련한다고 하는 것은 어떤 의미이어야 할까요?

자녀 양육에 있어서 처벌punishment이라는 용어는 엄격한 의미로 적절하지 않은 말입니다. 그것은 잘못된 행동이나 말에 대해 벌을 주어 일을 끝내 버리는 것을 의미하기 때문입니다. 벌을 주는 것 그 자체로서는 훈련이라고 할 수 없습니다. 어떤 선한 목적을 위해 자녀를 훈련하는 과정에서 벌을 주는 것이어야 의미가 있습니다.

뿐만 아니라 아이를 책망하거나 훈련할 때 사랑이 담겨 있지 않다면 그것은 부모가 훈련을 빙자하여 행하는 권위주의적 폭력이라고 할 수 있습니다. 사랑하기 때문에 징계한다는 사실은 우리가 자녀에게 그렇게 말해 준다고 해서 전달되는 것이 아니라, 자녀를 훈계하거나 훈련할 때 사용되는 우리의 말과 행동에 의해 전달됩니다. 어떤 경우에라도 자녀를 위협

하는 것은 절대 사랑의 표현이 될 수 없습니다. 징계나 훈련은 자녀를 사랑 가운데서 올바른 삶으로 이끌어 줄 수 있을 때 가치가 드러납니다.

> **"네 자식을 징계하라 그리하면 그가 너를 평안하게 하겠고 또 네 마음에 기쁨을 주리라"**(잠 29:17)

자녀를 훈련하는 데 게으른 사람은 아무리 자녀가 훌륭하게 되기를 마음으로 원하여도 그 아이는 결국 제멋대로 자랄 것입니다. 그러나 부지런히 자녀를 훈련한 사람은 훌륭하게 자란 자녀로 인하여 마음이 풍족할 것입니다. 자녀를 훈련하기 위해서는 우리의 열정이 필요합니다. 사실 어떤 때는 아이를 훈련하는 것이 귀찮기도 합니다. 아이가 어떤 일을 스스로 하도록 가르치는 것보다 그냥 엄마가 해주는 것이 오히려 쉽고 편하게 느껴질 때도 있습니다. 그러나 아이를 훈련하는 것은 부모의 책임입니다. 인내로써 씨를 뿌린 사람은 얼마 안 있어 그 열매를 거두게 될 것입니다.

> **"게으른 자는 마음으로 원하여도 얻지 못하나 부지런한 자의 마음은 풍족함을 얻느니라"**(잠 13:4)

물음 9

자녀를 훈련하는 부모가 되기 위해 부모인 나 자신이 훈련해야 할 부분들이 있다면 어떤 것들입니까?

자녀를 훈련하는 과정은 어떤 의미에서 보면 자신을 훈련하는 과정입니다. 스스로 훈련되지 않은 부분을 자녀에게 훈련시키는 것은 사실상 불가능하기 때문입니다. 부모가 절제하지 않으면서 자녀에게 절제하라고 강요하거나, 부모가 상스러운 말을 쓰면서 자녀에게는 욕을 하지 말라고 한다면 반발심을 불러일으킬 것입니다. 부모가 훈련되어 있지 않으면 자녀를 이끌어 줄 능력도 없을 뿐 아니라 억지로 이끌려 한다 해도 권위가 서지도 않습니다. 만일 부모인 당신도 훈련되어 있지 않은 부분을 자녀에게 훈련시켜야겠다고 생각할 경우에는 "얘야, 엄마도 잘 되지 않지만 우리 함께 노력해 보자"라고 말하며 아이와 함께 자신을 훈련하고자 하는 태도를 보인다면 아이는 그런 부모를 존경하며 순종하려고 할 것입니다.

"그러므로 누구든지 이 계명 중에 지극히 작은 것 하나라도 버리고 또 그 같이 사람을 가르치는 자는 천국에서 지극히 작다 일컬음을 받을 것이요 누구든지 이를 행하며 가르치는 자는 천국에서 크다 일컬음을 받으리라"(마 5:19)

적용 및 과제

1. 당신의 자녀가 훈련받아야 할 부분들을 기록해 보세요.

2. 당신의 자녀에게 '아침식사 시간을 지키는 것'을 훈련하는 방법의 예를 들어 봅시다.

목적 : 아이들이 아침에 늦게 일어나서 아침식사 시간이 잘 지켜지지 않는 것을 막고, 규칙적인 습관으로 건강하고 즐거운 생활을 하게 하기 위하여

제안 : 1단계) 아침 기상 시간이 각자 다를 경우 생기는 문제들에 대해 설명하기

2단계) 아침식사 시간을 정하는 이유를 설명하기

3단계) 함께 의논하여 적절한 시간 정하기

4단계) 정해진 시간을 지키지 않을 경우 행해질 제재 조치나 벌금 등을 정하기

3. 위의 예를 참고로 하여 당신의 자녀들이 훈련받아야 한다고 생각하는 부분들을 차례차례 훈련하고 훈련 과정과 성과를 기록해 보세요.

제7과

책임감과 절제

이야기

동민이 엄마는 주위 사람들 누구에게나 칭찬을 받는 사람이다. 친절하고 상냥할 뿐 아니라 교회에서도 앞장서서 봉사한다. 게다가 아이들에게는 웬만해서 큰소리치는 일이 없다. 뿐만 아니라 아침 일찍 일어나서 식사 준비를 해놓은 다음 아이들을 깨우고, 아이들이 입고 갈 옷과 준비물을 챙겨 주고, 도시락도 직접 책가방에 넣어 주어서 학교에 보낸다. 그리고 나서 아이들 방 이불을 개어 얹고 청소를 한 후, 아이들을 위해 기도한다. 혹시 아이들이 놓고 간 물건이 있으면 학교에 가져다준다. 아이들이 학교에서 돌아올 시간이 되면 간식을 준비해 놓았다가 아이들과 함께 간식을 먹으며 그날 학교에서 있었던 일에 대해 이야기한다. 아이들이 놀러 나간 뒤에는 거실에 벗어 놓고 나간 외투와 가방을 아이들 방에 걸어 두고 가방 속에서 가정 연락부를 꺼내어 그날 숙제가 무엇인지, 내일 가지고 갈 준비물은 무엇인지 확인한다. 아이가 놀다 들어와서 TV를 보는 동안 저녁식사 준비를 하고 식사를 마친 후에는 아이가 숙제하는 것을 도와준다. 아이가 숙제와 일기 쓰는 것을 마치면 양치질을 하도록 하고, 가족이 함께 모여 성경을 읽은 후 기도를 하고 아이가 잠이 들 때까지 옆에서 책을 읽어 준다. 아이가 잠든 것을 확인하고 나서 방에 돌아와 다시 감사 기도를 하고 잠자리에 든다.

물음 및 점검

물음 1

위의 이야기에 나오는 동민이 엄마의 하루를 어떻게 생각합니까? 본받아야 할 점은 무엇이고 문제가 되는 점은 무엇입니까?

다른 사람을 돕는 것은 보람 있는 일입니다. 더구나 자녀를 돕는 것은 즐거운 일입니다. 그러나 자녀를 도울 때는 한 걸음 물러서서 그 도움이 아이를 위해 꼭 필요한 것이지를 생각해 보아야 합니다. 부모의 도움이 익숙한 아이들은 자율성을 잃고 의존적인 아이가 되기 쉽습니다. 뿐만 아니라 책임감 있는 사람으로 성장하기 어렵습니다. 그러므로 당장 아이를 돕지 않는 것이 그 아이의 건전한 성장을 위해 더 바람직할 때가 많습니다. 준비물을 엄마가 일일이 다 챙겨 주는 가정에서 자라는 아이는 자기 일을 스스로 알아서 처리하는 능력을 키우지 못하는 것입니다. 이렇게 자란 아이의 경우, 성인이 되어 자기 일을 규모 있게 해내거나, 다른 사람들의 일을 도울 수 있는 여유를 갖추기는 어렵습니다.

물음 2

당신은 자녀를 위해 부모로서의 최선을 다하고 있습니까? 부모가 자녀를 위해 최선을 다한다는 것은 무엇을 의미합니까?

부모로서 우리는 자녀들에 관한 문제에 있어서 자녀가 택해야 할 최선의 길이 무엇인지 알고 있다고 생각을 합니다. 그래서 적어도 아이보다는 더 나은 판단을 한다는 생각 때문에 아이에게 어떤 생각이나 방법을 강요하는 경우가 많습니다. 부모의 이러한 태도에 대해 아이들의 반응은 두 가지로 나타납니다. 하나는 반항이고 다른 하나는 순응입니다. 대부분의 부모는 반항하는 아이보다는 순응하는 아이를 선호하는 경향이 있습니다. 그러나 순응이 항상 청신호는 아닙니다. 순응하는 아이들은 부모의 결정에 의존적이 되기 쉽습니다. 어떤 문제를 스스로 생각하고 처리하고자 하는 의지가 죽어 버린다는 말입니다. 아이에게 최선을 다한다고 하는 것은 아이의 일을 대신해 주거나 아이 대신 의사를 결정해 주는 것이 아닙니다.

물음 3

당신의 자녀가 가정에서 책임지고 해야 하는 일이 있습니까? 아니면 공부에만 전념하도록 하기 위해서 모든 일을 면제해 주고 있습니까?

아이들에게 책임을 가르치지 않으면 감사하는 마음보다는 오히려 불평하는 마음을 가집니다. 그것이 자기의 일임을 깨닫지 못하고 엄마의 일로 생각하기 때문에 엄마가 도와주지 않으면 오히려 화를 내는 것입니다. 그러나 자신이 해야 할 일을 자신의 일로 알고 스스로 하도록 훈련을 받은 아이는 가끔 엄마가 도와주었을 때 고마운 마음을 가집니다.

"게으른 자는 그 부리는 사람에게 마치 이에 초 같고 눈에 연기 같으니라"(잠 10:26)

의존적인 아이는 불만이 많다는 사실을 명심하십시오. 그 이유는, 첫째로 자기 자신의 선택에 따라 행동하지 않기 때문에 잘못된 일들에 대해 책임을 전가하기 때문이고, 둘째로 자기 마음대로 무엇인가를 결정함으로써 충족될 수 있는 인간의 기본적인 욕구가 억눌리고 있기 때문입니다. 자녀에게 책임 있는 결정을 내릴 수 있는 기회를 늘려 주십시오. 그것은 자녀로 하여금 책임 의식이 있는 성인으로 자라게 할 뿐 아니라, 즐거운 마음으로 자신의 인생을 갈아갈 수 있게 해줍니다. 당신이 자녀를 위하여 모든 것을 해주는 동안에 당신의 자녀는 아무것도 할 수 없는 사람이 되고 있다는 사실을 기억하십시오. 당신은 로봇이나 강아지를 훈련하고 있는 것이 아닙니다.

물음 4

당신의 자녀가 마땅히 해야 할 책임을 다하지 않았을 때 당신은 어떤 제재를 가합니까?

우리는 자녀가 성장하여 그들이 속한 사회나 공동체에서 자기 역할을 잘 감당해 내는 사람이 되기를 바랍니다. 그러기 위해서 우리 자녀들은 훈련받아야 합니다. 부모로서 자녀를 훈련해야 할 부분 중 가장 중요한 것으로 책임감과 절제를 꼽을 수 있습니다.

책임감에는 스스로의 판단에 대한 책임감과 행한 일에 대한 책임감이 포함되어 있습니다. 그러므로 책임감을 길러 줌으로써 우리는 자녀들이 책임 있는 판단을 하는 사람이 될 것과 일에 대한 성실한 자세를 갖게 될 것을 기대할 수 있습니다. 절제는 돈의 사용, 식욕, 일 등 개인의 욕심과 관련이 있는 것입니다. 절제는 돈을 규모 있게 사용하는 훈련과 규칙적인 식사 습관이나 시간을 사용하는 훈련을 통해 길러질 수 있습니다. 당신은 자녀에게 우리가 이 모든 일에 있어서 하나님의 청지기라는 사실을 가르쳐 주어야 합니다.

"우리가 들은즉 너희 가운데 규모 없이 행하여 도무지 일하지 아니하고 일만 만드는 자들이 있다 하니"(살전 3:11)

물음 5

당신의 자녀가 몇 살 때쯤이면 당신의 직접적인 도움을 떠나도 되는 성인이 될 수 있나고 생각합니까?

레만Kevin Lemman박사는 "만일 당신이 당신의 삶에서 재난과 혼란을 원하신다면 당신의 자녀를 대신해서 모든 것을 다 해주십시오"라고 경고합니다. 당신이 자녀를 위해 모든 힘든 일들과 결정들을 대신 해준다면, 당신의 자녀뿐 아니라 당신 자신의 삶까지도 엉망이 되어 버릴 것입니다.

당신의 자녀는 머지않아 성인이 될 것이기 때문입니다.

일단 당신의 자녀가 성장하여 성인이 되면, 당신은 당신이 자녀를 어떻게 양육하였는지는 잊어버리고 자녀가 성인으로서의 책임감과 판단력을 구비한 사람이 될 것만을 기대합니다. 그러나 그때 당신의 자녀가 준비되어 있지 않다면 그것은 당신의 책임입니다. 그리고 그 책임은 이미 당신이 책임을 지겠다고 해서 그 문제가 해결되지 않는, 다시 말해서 당신의 역할이 끝난 책임입니다.

당신이 아무리 훌륭한 신앙인이라고 하더라도 자녀에게 주체적인 책임감을 길러 주지 않는다면, 당신 자녀는 스스로 신앙을 고백하는 신앙인이 아닌 당신에게 의존하는 신앙인이 될 것입니다.

물음 6

자녀에게 용돈을 주십니까? 주신다면 어떤 방법으로 얼마나 주십니까?

용돈은 자녀에게 책임감과 절제를 훈련할 수 있는 좋은 기회가 될 수 있습니다. 물론 그 용돈은 일정한 기간 내에 사용할 수 있는 돈의 한계가 정해져 있는 경우를 말합니다. 아이가 원하는 대로 언제라도 주어지는 것이라면 훈련이 아니라 방종을 가르치는 도구가 될 것입니다.

용돈을 주는 방법과 액수는 아이의 나이나 성격적 특성 등에 따라 달라져야 합니다. 용돈은 매일 주는 방법으로부터 시작하여 일주일에 한 번 혹은 한 달에 한 번 주는 방법으로 발전시켜 가는 것이 좋습니다. 용돈을 주는 방법과 액수를 정할 때는 아이가 자기의 의견을 반영할 수 있는 기회를 주는 것도 좋습니다. 이때를 이용하여 아이에게 용돈의 사용처에 대해, 혹은 돈을 사용하는 일반적인 원칙에 대해 적절하게 가르치는 것이 필요합니다.

물음 7

자녀에게 절제하는 삶을 가르치고 있습니까?

절제력은 물질적으로 풍요한 시대를 살아가는 우리 자녀들의 장래를 위해 꼭 필요한 내적인 힘입니다. 우리 욕구의 많은 부분은 물질과 관련되어 있기 때문입니다. 절제력을 키우지 못한다면 우리는 가지고 있는 돈을 자신의 욕구를 채우는 일에 다 써 버리고 말 것입니다. 그리스도인의 삶은 자신의 욕구를 하나님의 뜻을 위해 절제하고 희생할 줄 아는 삶입니다. 하나님이 기뻐하시는 경건은 '고아와 과부를 그 환난 중에서 돌아보는'(약 1:27) 삶인데, 그런 삶을 살기 위해서는 자신의 욕구를 위해 사용하는 돈을 절제하여 이웃을 위해 사용할 수 있어야 하기 때문입니다. 자신의 욕구도 다 채우고 이웃도 도와줄 수 있는 사람은 없습니다. 사람의 욕심은 한이 없기 때문입니다.

물질(돈)의 사용을 절제하는 것 외에 분노를 터뜨리는 것을 절제하는 것도 훈련해야 합니다. 절제는 그리스도인의 중요한 덕목입니다.

"오직 성령의 열매는 사랑과 희락과 화평과 오래 참음과 자비와 양선과 충성과 온유와 절제니"(갈 5:21~22)

"자기의 마음을 제어하지 아니하는 자는 성읍이 무너지고 성벽이 없는 것 같으니라"(잠 25:28)

적용 및 과제

1. 아이의 준비물은 스스로 챙기도록 훈련하세요.

1단계) 아이와 함께 가정 연락부와 시간표를 보면서 준비물을 챙긴다.

2단계) 자기 전에 모든 준비물이 다 준비되었는지 말로써 확인한다.
(1학년이 아니면 일일이 다 살펴볼 필요는 없다.)

3단계) 아이가 학교에 간 후에 빠뜨리고 간 물건이 있더라도 가져다주지 않는다.

4단계) 빠뜨리고 간 준비물 때문에 아이가 집에 돌아와 화를 내거나 불평을 한다면 조용히 타이르면서 "엄마는 네가 자기 일을 스스로 할 줄 아는 사람이 되길 바란다"고 말해 준다.

2. 용돈의 한계를 분명하게 정해서 돈을 절제하면서 규모 있게 사용하는 것을 훈련하세요.

3. 아이의 놀이 시간, 컴퓨터 게임 시간, TV 시청 시간 등을 정해서 시간을 규모 있게 사용하는 것을 훈련하세요. 시간을 지키지 않았을 때는 반드시 제재를 하고 적절한 벌칙을 정하세요. 벌칙을 정할 때는 아이들과 함께 정해서 아이 스스로의 의사가 반영된 벌칙에 대한 책임감을 기르도록 하세요.

4. 그 밖에 아이를 훈련한 내용을 기록하세요.

제8과

자녀의 학업과 은사

이야기

"오늘은 내가 미래에 무엇이 되고 싶은가에 대해 쓰려고 한다. 나는 커서 어떤 사람이 되고 싶다고 정확히 말할 수는 없지만(난 꿈이 자주 바뀌기 때문에 지금은 무엇이 되고 싶다고 생각하다가도 이후에 다른 사람이 되어 있을지도 모를 일이다), 굳이 누군가가 묻는다면 '선교사' 라고 대답하겠다. 그 이유는 하나님에 대해 알 수 있는 공평한 기회가 세상 모든 사람들에게 주어져야 한다고 생각하기 때문이다.

나는 기독교 가정에서 태어난 것이 축복이며 행운이라고 생각한다. 그러기에 내가 그 은혜를 되갚을 수 있는 방법으로 선교사가 되는 것이다. 물론 선교사가 되는 것 외에도 여러 가지 다른 방법이 있겠지만 굳이 선교사가 되기를 선택한 까닭은 우리 아빠, 엄마가 선교사로서 일하시는 모습이 정말 보기 좋고, 그 일을 존경하며, 또 두 분을 그대로 본받고 싶기 때문이다. 그러나 나는 부모님이 하는 일과 똑같은 일을 하지는 않을 지도 모른다. 내가 원하는 것은 다른 나라에 가서 선교사 자녀나 부족 아이들에게 그들이 꼭 배워야 하는 것들을 가르치는 교사가 되는 것이다.

물론 나는 그 일이 쉽지는 않으리라는 것을 안다. 엄마는 내가 계속해서 공부하지 않는 한 아무것도 될 수 없다고 거듭 말씀하시면서 이 점을 명확히 하셨기 때문에, 나는 선교사가 되기까지 어떤 어려움이 있더라도 이를 극복하기 위해 힘껏 노력할 것이다. 어쨌든 나는 여러 나라를 다니는 동안 많은 선교사 자녀들을 알게 되었고, 또 문명과 떨어져 정글에서 산다는 것이 어떤 것이지 알고 있기에 그런 곳에서 일하는 것이 다른 사람보다는 조금 수월하리라 생각한다. 나는 정말 선교사가 되고 싶다. 특별히 인도네시아에서 일하고 싶다. 지금은 이렇게 원하고 있지만 나중에 꿈이 변하여 선교사가 못 된다 하더라도 내 주변에 있는 사람들을 도울 수 있는 어떤 작은 일이라도 할 수 있기를 바란다. 그렇게 되면 나 자신에 대해 뿌듯하게 생각할 수 있을 것이고 하나님도 내가 하는 일을 자랑스럽게 여기실 것이기 때문이다."

《난 곳 방언으로》 (정하영, 106호, p7)

물음 및 점검

물음 1

위의 이야기는 인도네시아에서 성경 번역 선교를 하시는 어느 선교사의 자녀가 쓴 글입니다. 이 아이가 이런 글을 쓰게 되기까지 부모가 아이에게 끼쳤을 영향에 대해서 기록해 보세요.

부모는 자녀의 삶에 영향을 끼치는 가장 중요한 사람입니다. 부모는 자녀들에게 말로써 영향을 끼칠 뿐 아니라 자녀들의 삶의 모델이 됩니다. 그래서 부모를 존경하는 아이들은 자신이 장래에 종사할 직업을 정할 때 부모와 같은 직업을 갖기 원하는 경우가 많습니다. 또는 부모가 은연중에 아이의 장래에 대해 부모 자신이 바라는 바를 이야기하기 때문에 아이들

은 그것을 내면화하기도 합니다. 그러므로 부모는 자녀와 함께 그들의 장래에 대해 말하기 전에 자신이 바라는 것이 과연 하나님의 뜻에 합당한가를 생각해 보아야 합니다.

즉, 아이의 장래와 관련하여 그가 부여받은 은사가 무엇인가를 객관적으로 잘 관찰해야 하고, 자신의 동기를 하나님 앞에서 정직하게 점검한 뒤 그러한 꿈을 이루기 위해 어떤 노력을 해야 하는지 아이와 진지하게 이야기하는 것이 필요합니다. 이러한 자세는 아이의 삶을 가치 있고 보람된 방향으로 이끌어 주는 데 있어서 매우 중요합니다.

물음 2

당신은 자녀에게 공부하라는 말을 얼마나 자주 합니까?

학생이 공부하는 것은 매우 중요합니다. 그것은 학생으로서 마땅히 마음을 다해 힘을 써야 할 일이기 때문입니다. 하지만 여기서 강조하는 것은 무엇이든지 현재와 장래의 삶에 유익한 것을 힘써 배우려고 하는 자세입니다. 그리고 자기에게 주어진 일에 성실하게 최선을 다하는 자세를 말합니다. 학업 성적이 얼마나 좋은가 그렇지 않은가 하는 문제는 이차적인 것입니다. 아이들에게 공부하라고 말할 때 그 의미가 학업 성적 자체만을 목표로 하는 것일 때는 아이들에게 진정한 동기 유발을 하기가 어려울 뿐 아니라 같은 말이 반복될 경우 잔소리로 여겨져 아이의 반항심만 키울 뿐입니다.

물음 3

자녀의 학업 성적이 중요하다고 생각한다면 그 이유는 무엇입니까?

자녀가 장래에 보람된 삶을 사는 데 있어서 학업 성적이 중요한 역할을 하는 것은 사실입니다. 이것은 단순히 학업 성적의 석차를 염두에 두고 하는 말이 아닙니다. 학업 성적은 무엇보다도 아이가 학문적인 삶에 흥미를 가지느냐 그렇지 않느냐를 말해 줍니다. 다음으로 학업 성적은 아이가 가지고 있는 적성이나 은사의 방향을 발견하는 데 있어 좋은 자료를 제공해 줍니다. 다시 말해서 학업 성적은 자녀의 적성을 판단하는 자료가 됩니다.

어떤 아이들은 지적인 능력이 있는데도 불구하고 학업을 좋아하지 않는 경우가 있습니다. 머리가 좋은데도 학업과 관련해서는 이떤 분야에도 흥미를 느끼지 못하기 때문에 전반적으로 성적이 좋지 않은 아이에게 학문의 길을 강요하는 것은 옳지 못합니다. 그런가 하면 머리가 그다지 좋은 것도 아니고 성적이 전반적으로 아주 뛰어난 것은 아니지만 어떤 특정 과목이나 분야에서 좋은 성적을 나타내며 그 과목에 흥미를 느끼는 아이는 그 분야에 은사가 있는 것으로 판단할 수 있습니다.

물음 4

당신의 자녀가 훌륭한 인물이 되길 바라는 이유는 무엇입니까?

우리는 각자에게 주어진 삶에 있어서 하나님의 청지기와 같은 마음을 가지고 살아야 합니다. 우리 자녀가 훌륭한 인물이 된다는 것은 사람들이 보기에 높이 살 만한 지위나 직업을 가지거나 남다른 업적을 남긴다는 의미가 아닙니다. 우리는 많은 경우 하나님의 눈보다 사람들의 눈을 의식하며 살지요. 다시 말해서 '하나님은 어떻게 생각하실까?' 하는 것보다 '다른 사람들이 어떻게 생각할까?' 하는 것을 더 중시하며 살기가 쉽습니다. 그래서 훌륭한 인물 혹은 훌륭한 삶을 판단하는 기준을 사람들의 가치에 두기가 쉽습니다. 그러나 우리가 '어떻게 살아야 하나님을 기쁘시게 할까?' 하는 마음을 가지기 전에는 결코 하나님이 인정하시는 훌륭한 인물이 될 수 없습니다. 하나님은 친히 각 사람에게 주신 은사에 충성된 사람을 기뻐하시고 그런 사람을 훌륭하다고 인정하실 것입니다.

물음 5

당신의 자녀는 각각 어떤 분야에 은사를 가지고 있으며 자라서 어떤 일을 하고 싶어 합니까?

"그러므로 내 소견에는 사람이 자기 일에 즐거워하는 것보다 나은 것이 없나니 이는 그의 분복이라"(전 3:22)

물음 6

부모로서 자녀가 선택하기를 바라는 직업이나 전공 분야가 당신의 자녀가 원하는 것과 어느 정도 일치합니까? 자녀와 이 문제에 대해 이야기를 나눈 적이 있습니까?

자녀에게 있는 재능을 발견하는 것을 기쁜 일입니다. 오리무중의 인생 가운데서 길을 찾은 것이나 다름 없기 때문입니다. 그러나 부모 된 우리의 마음이 욕심으로 차 있으면 자녀를 인도할 길은 보이지 않고 안개만 점점 더 짙어질 것입니다.

자녀의 삶과 장래에 관해 자녀와 대화를 하는 것은 꼭 필요한 일입니다. 그러나 부모의 뜻을 자녀에게 주입하거나 강요하는 대화라면 의미가 없습니다. 인생의 선배로서 자녀의 생각과 삶을 하나님의 뜻 가운데로 이끌어 줄 수 있는 대화가 필요합니다. 이 문세에 있어서 부모의 역힐은 자녀가 하나님 앞에서 스스로 자신의 삶에 대해 책임 있는 판단을 할 수 있도록 돕는 일입니다. 그러므로 자녀의 장래에 대해 자녀와 대화를 하는 목적이 자녀의 삶 가운데 하나님의 뜻이 이루어지기 위한 것이라는 점을 기억하는 것이 무엇보다 중요합니다.

"다 사도겠느냐 다 선지자겠느냐 다 교사겠느냐 다 능력을 행하는 자겠느냐 다 병 고치는 은사를 가진 자겠느냐 다 통역자겠느냐 너희는 더욱 큰 은사를 사모하라 내가 또한 제일 좋은 길을 너희에게 보이리라"(고전 12:29~31)

자녀에게 공부를 열심히 하도록 권하는 것이나 자녀의 은사를 발견하여 계발하도록 격려하는 궁극적 목적은 자녀가 닦은 학문과 은사를 사용하여 하나님 나라와 이웃에게 유익된 일을 하려는 것입니다. 하나님과 이웃을 사랑하라는 계명에 대한 적극적인 실천이 삶의 목표가 되게 하는 것입니다. 우리가 어려서부터 그런 삶을 위해 자신을 준비한다면 그 삶이 보람될 뿐 아니라 우리로 인해 다른 사람의 삶을 풍요하게 해줄 수 있는 일에 우리 자신이 드려질 것이고, 하나님은 이를 기뻐하실 것이라는 사실을 자녀와 함께 나누십시오.

적용 및 과제

1. 말하는 내용을 다음과 같이 바꾸어 보세요.

공부 열심히해서 남 주냐? 다, 너 위해서 하는 말이야.

열심히 공부해서 보람 있게 살아야지. 그래야 하나님도 기뻐하시지 않겠니?

2. 자녀와 함께 자녀의 장래 꿈에 대해 이야기하는 시간을 가지고 난 후 다음 내용을 정리해 보세요.

1) 자녀의 꿈

2) 꿈을 가지게 된 동기

3) 자녀에 대한 당신의 꿈과 기대

4) 3)의 동기

5) 자녀의 진로 지도 및 대화 내용

6) 합의된 내용

7) 꿈을 이루기 위해 노력할 일

제9과

여가시간

이야기

오늘은 어쩐지 기분이 우울하다. 아침에 아이가 유치원 버스 타는 것을 보려고 나갔다가 같은 유치원에 다니는 다른 아이 엄마의 청으로 그 집에 몇이서 함께 들어가 차를 마시며 이야기를 하다가 돌아왔다. 아파트 거실과 방마다 각각 다른 분위기의 커튼이 드리워져 있었고 아이들 방의 가구도 좋은 제품들이었다. 그 집 남편이 화분을 좋아해서 꾸며 놓았다는 베란다에는 식물원처럼 각양 화분들이 놓여 있었다. 벽돌을 이용해 만든 어항도 보기 좋았다. 이야기를 하다 보니 어느새 아이가 유치원에서 돌아올 시간이 가까워 왔다. 집에 돌아와 못 다 한 설거지와 방청소를 마치고 돌아서자 아이가 부르는 소리가 들렸다. 아이와 둘이서 점심을 먹고 나서 아이가 밖에 놀러 나가고 없는 사이 잠깐 누워서 쉬었다. 반찬거리를 사러 시장에 가려고 나가니 아이가 따라 가겠다고 달려왔다. 혼자 갔다 오면 빨리 다녀올 것 같아서 따라오려는 아이와 실랑이를 벌이다가 결국은 데리고 다녀올 수밖에 없었다. 시장에 따라 간 아이가 상점에서 파는 장난감을 사달라고 졸라서 할 수 없이 하나를 사주었는데 오는 길에는 다리가 아프다고 짜증을 부렸다. 집에 돌아오니 벌써 해는 서편에서 비치고 있었다.

물음 및 점검

물음 1

이와 비슷한 경험을 한 일이 있습니까? 위의 이야기에 나오는 엄마가 우울했던 이유는 무엇이었을까요?

시간 사용은 우리의 삶에서 중요한 부분입니다. 하나님 앞에서 사는 청지기로서 우리는 먼저 '시간의 청지기' 가 되어야 합니다. 그러기 위해서는 시간을 계획성 있게 사용하는 것이 중요합니다. 계획하지 않고 살면 가치가 없거나 적은 일에 우리의 인생을 사용할 확률이 크기 때문입니다. 인생 전체의 계획은 하루하루의 계획으로부터 시작합니다. 하루하루의 시간을 가치 있는 일을 위해 사용하는 것은 우리의 인생 전체를 값있게 사용하는 최선의 방법입니다. 우리는 하나님 앞에 섰을 때 우리의 인생에 대해 답변해야 할 것입니다. 우리의 하루하루를 계획하지 않으면 한담하는 일이 자꾸 생기고, 하나님과의 교제는 뒷전으로 밀려나거나 사라질 것입니다.

"두루 다니며 한담하는 자는 남의 비밀을 누설하나니 입술을 벌린 자를 사귀지 말라"(잠 20:19)

물음 2

당신의 생활은 바쁜 편입니까, 아니면 시간적으로 조금은 여유가 있는 편입니까? 바쁘다면 무엇 때문에 바쁩니까?

바쁘게 사는 것 자체는 선악이나 가치를 판단하는 기준이 될 수 없습니다. 무엇을 위해 바쁜가 하는 것이 중요합니다. 게으른 사람도 바쁜 생활을 할 수는 있습니다. 하지만 한담을 하거나 적은 일에 많은 시간을 보냈기 때문에 나머지 시간을 바쁘게 보내는 사람을 가리켜 부지런하다고 말하지는 않습니다. 진정 부지런한 사람은 가치 있는 일을 위해 시간을 쓸 줄 아는 사람입니다. 하나님이 기뻐하실 일을 위해 시간을 드리기에 바쁜 사람은 복된 사람입니다.

또한 우리는 하나님과 가족을 포함한 다른 이들을 위해 힘을 사용할 수 있도록 휴식을 취할 필요도 있습니다. 휴식과 게으름은 구별되는 것입니다.

물음 3

하루 중 자녀를 위해 사용하는 시간은 얼마나 됩니까?

아내로서 혹은 엄마로서 우리가 가정에서 하는 일들은 결국 가족을 위한 것이기 때문에 당연히 자녀들을 위한 것이기도 합니다. 그러나 그럼에도 불구하고 직접적으로 자녀를 위해 사용하는 시간이 필요합니다. 이런 시간을 갖는 것은 아이들이 엄마의 사랑을 '느끼도록' 하는 데 효과적인 역할을 할 것입니다.

당신이 자녀들을 위하여 따로 떼어 놓는 시간이 있다면 당신의 자녀는 당신이 그들을 위해 옆에 있다는 사실만으로도 기뻐할 것입니다. 다만 자녀와 함께 보내는 시간을 그들에게 잔소리하거나 짐을 지우는 시간으로 바꾸지 마십시오.

자녀를 위한 시간은 여러 가지 방법으로 사용될 수 있습니다. 자녀와 함께 책 읽기, 놀이하기, 운동하기, 산책하기, 특별한 간식 만들기, 자녀양육에 유익한 책 읽기 등은 자녀를 위해 꼭 필요한 시간입니다. 그 외에도 창의적인 방법으로 자녀와의 관계를 친밀하게 엮어 가도록 하세요. 이렇게 해서 자녀의 마음속에 만들어지는 부모의 사랑에 대한 확신은 그들이 마땅히 행해야 할 일들에 대해 가르침을 받을 때 부모의 그 가르침에 순복할 수 있도록 하는 밑거름이 됩니다.

물음 4

하루 중 기도와 성경 읽기를 위하여 평균적으로 얼마의 시간을 따로 떼어 놓습니까?

자녀를 이끌어 주는 인도자로서 우리 자신이 그리스도 안에서 성숙하는 것은 필수적입니다. 매 순간마다 하나님을 생각하며 지낸다 하더라도, 하나님과의 교제를 위해 시간을 따로 떼어 놓는 것이 필요합니다. 우리 자신이 기도와 묵상을 통해 그분을 경험적으로 깊이 알지 않고는 우리 자녀들을 신앙의 삶으로 인도할 수 없습니다. 우리 자신이 성숙하지 않고는 우리 자녀의 성숙을 도울 수 없습니다.

"오직 우리 주 곧 구주 예수 그리스도의 은혜와 저를 아는 지식에서 자라가라"

(벧후 3:18)

물음 5

한 주일 혹은 한 달 중 가족이 다른 사람을 위하여 사용하는 시간은 얼마나 됩니까?

우리의 삶이 윤택해지기 위하여 다른 사람의 삶을 돕는 것은 하나님께서 가르쳐 주신 방법입니다. 많은 사람들이 가정사역과 자녀양육의 중요성을 말하면서 모든 관심을 자기 가정에만 가두어 버리는 것은 잘못된 것입니다. 자기 가정과 자기 자녀만을 위하고자 하는 마음은 그것을 목적으로 만들어 버리기 때문입니다. 우리가 가정과 자녀를 위해 우리의 최선을 다하는 것은 그것이 하나님이 기뻐하시는 일이기 때문입니다. 우리의 목적은 하나님이 기뻐하시는 삶에 있는 것입니다. 교회나 사회를 위하여 우

리의 시간 중 일부를 떼어 사용하는 것은 우리 자신 뿐 아니라 가정과 자녀의 건강한 삶을 위해서도 필요한 일입니다.

"남을 윤택하게 하는 자는 윤택하여지리라"(잠 11:25)

물음 6

당신은 수입을 계획성 있게 사용하고 있습니까? 당신이 돈을 사용하는 항목의 우선순위와 사용하는 액수의 비율을 적어 보세요.

그리스도인은 시간뿐 아니라 돈을 사용하는 데 있어서도 청지기가 되어야 합니다. 시간이나 돈을 기분대로 사용하는 것은 악한 일이라고 할 수 있습니다. 달란트를 잘 사용하지 못했던 종이 주인에게 '악하고 게으른 종' 이라고 책망을 들었다는 예수님의 가르침을 가볍게 생각해서는 안 됩니다.

심지어 헌금하는 일에도 계획이 있어야 합니다. 기분에 따라 헌금하는 것은 아무리 많이 한다고 해도 하나님이 기뻐하시는 방법이 아닙니다. 그것은 자기 자신에게 근거한 것이기 때문입니다. 그리스도인들은 자신을 위해 사용하는 돈뿐 아니라 하나님에게 드려져 사용될 돈을 위해서도 계획성이 있어야 합니다.

"매주일 첫날에 너희 각 사람이 이를 얻은 대로 저축하여 두어서 내가 갈 때에 연보를 하지 않게 하라"(고전 16:2)

돈을 계획성 있게 사용하는 일과 더불어 똑같이 중요한 일은 절제하는 것입니다. 사용할 돈이 넉넉지 못하다면 자연스럽게 절제할 수 있겠지요. 그러나 경제적으로 여유가 있는 가정에서 돈을 절제하는 것은 쉽지 않은 일입니다. 물론 하나님이 우리에게 허락하신 경제적인 부를 누리는 것이 악한 일은 아닙니다. 그러나 그것을 어떻게 사용하여 하나님을 기쁘시게 할까를 생각하고 실천하는 일은 경건한 삶을 위해 반드시 필요한 일입니다. 물질주의가 팽배한 세상에서 물질을 따라 살지 않기 위하여 우리의 경제생활을 하나님 앞에 내어 놓아야 합니다. 자녀들을 위해 사용하는 돈 역시 절제하지 않는다면 우리 자녀들은 절제를 모르는 사람이 될 것입니다. 특히 자녀를 위한 돈의 사용에 있어서 양육자로서 마땅히 공급해 주어야 할 것과 맹목적인 사랑에 근거한 욕심을 분별하는 것이 필요합니다. 모든 것이 풍족하게 구비된 환경이 오히려 자녀의 건전한 성장을 방해할 수 있다는 사실을 알아야 합니다.

물음 7

위의 물음6의 항목 중에서 당신의 가족이 아닌 다른 사람들(혹은 기관)을 위해 사용하는 항목은 무엇이며 그 액수의 비율은 얼마나 됩니까?

"하나님 아버지 앞에서 정결하고 더러움이 없는 경건은 곧 고아와 과부를 그 환난 중에 돌아보고 또 자기를 지켜 세속에 물들지 아니하는 이것이니라"(약 1:27)

적용 및 과제

1. 아래에 기본적인 하루 일과 계획을 적어 보세요. 매일의 일이 달라지는 것은 아침에 일을 시작하기 전에 체크하여 그날을 알차게 보내는 훈련을 하고, 기도와 말씀 묵상하는 시간을 빠뜨리는 일이 없도록 하세요.

시 간	계 획

2. 주 단위 혹은 월 단위로 하는 일들을 적어 보세요. 그리고 단지 친목을 위해 사용하는 시간 외에 선한 일을 위해 사용하는 시간을 계획하세요. 혼자서 하기 어려우면 이웃이나 교우들과 함께 시간을 정해서 하도록 하세요.

· 주 단위로 하는 일

· 월 단위로 하는 일

· 선한 일을 위해 사용할 시간 계획

제10과

비교, 우월감, 열등감

이야기

엄마: 빨리 가서 공부 못해? 옆집 대철이는 늘 반에서 1, 2등만 한다더라. 게다가 지난번 백일장에서는 장원을 했다며. 담임선생님도 그 애는 일류 대학에 문제없이 들어갈 수 있다고 장담한다던데, 넌 어쩜 좋으냐? 고작해야 간신히 10등 하는 정도 가지고 어느 대학에 들어갈지 걱정이다. 대철이 엄마는 얼마나 좋을까? 엄만 네 생각만 하면 기운이 쭉 빠진다.

형철: 엄마는 왜 나만 가지고 그러세요? 형태(동생)는 나보다도 더 못하는데. 그리고 대철이네는 대철이한테 얼마나 잘 해 준다고요. 컴퓨터도 사주고, 과외 선생님도 집에 오고, 뭐든지 다 사주는데…. 그럼 나라도 그만큼 공부하겠어요! 요즘에 컴퓨터 없는 집이 어디 있어요? 학원에 가기도 귀찮다구요. 날마다 완전 지쳐 가지구 버스 타고 오려면 죽겠어요. 하여간 집에 오면 공부할 맛이 다 없어진다니까요.

물음 및 점검

물음 1

위의 이야기에 나오는 두 사람의 대화에서 무엇이 문제입니까?

· 엄마

· 형철

우리와 자녀들과의 관계를 크게 해치는 것이 있다면 그것은 다른 집 자녀, 혹은 부모와 비교하며 비난하는 것입니다. 그것은 앞의 제4과에서도 다룬 바와 같이 사랑에 대한 신뢰를 잃어버리게 할 뿐 아니라 낙심하게 하기 때문입니다. 우리는 종종 자기 스스로를 다른 사람과 비교하면서 낙심하기도 합니다.

우리가 자녀를 다른 아이들과 비교하지 말아야 하는 이유는 역으로 아이들이 우리를 다른 집 부모와 비교한다고 가정해 보면 쉽게 이해할 수 있습니다.

물음 2

당신의 자녀를 다른 집 아이, 또는 형제와 비교하는 일이 있다면 어떤 때입니까? 또 그것은 아이에게 어떤 영향을 끼치게 될까요?

어떤 경우라도 자녀를 다른 집 아이나 형제들과 비교하지 마십시오. 설혹 당신의 자녀가 다른 집 아이보다 잘 하는 일이 있는 경우라도 당신의 말이 비교 자체를 위한 것이라면 백해무익합니다. 자녀를 격려하기 위한 경우를 제외하고 다른 아이 이야기는 될 수 있는 대로 하지 않는 것이 좋습니다.

열등감은 사람의 영혼과 삶을 파괴합니다. 열등감에 사로잡힌 사람은 다른 사람과 하나님에 대해 불평과 원망하는 마음을 가지며, 동시에 자신에 대한 자신감을 잃고 낙담한 채 살아가기 쉽습니다. 따라서 열등감을 가진 사람은 대인 관계가 원만하지 못하게 되고 일에 대한 의욕을 잃게 됩니다.

성장 과정에서 형성된 열등감은 그 사람의 인격에 뿌리를 박고 인생을 살아가는 동안 계속해서 영향을 끼칩니다. 그런데 이 열등감은 많은 경우 부모에 의해 형성됩니다. 부모가 무심코 하는 말들이 아이에게 부정적인 영향을 주기 때문입니다. 따라서 아이가 밝은 마음으로 인생을 살아가게 하기 위해서는 평소에 늘 격려하는 부모가 되는 것이 중요합니다.

물음 3

당신이 열등감을 가지고 있다면 그것은 어떻게 해서 형성된 것입니까?

우리의 관심이 사람에게 있으면 우리는 자신이나 자신이 가지고 있는 것들을 다른 사람이나 다른 사람들이 가지고 있는 것들과 비교하게 됩니다. 경제력, 외모, 학벌 등을 다른 사람과 비교하게 되면 자기보다 더 나은 사람이 늘 있게 마련이고 그 때문에 열등감에서 헤어 나오지 못하게 됩니다. 자신의 삶에 감사하지 못하는 사람들은 자꾸 자신을 다른 사람과 비교하게 됩니다.

"사람을 두려워하면 올무에 걸리게 되거니와 여호와를 의지하는 자는 안전하리라"(잠 29:25)

그러므로 자녀가 열등감을 가지지 않도록 하기 위해서는 자녀를 다른 사람과 비교하지 말아야 합니다. 기회 있는 대로 자녀를 인정해 주고 격려해 주어야 합니다. 그러고 자녀에게 감사하는 삶을 가르쳐야 합니다. 그러기 위해서는 먼저 우리 자신이 감사하는 삶을 살아야 합니다. 우리의 눈을 하나님께 두고 있으면 열등감에 빠지지 않습니다.

물음 4

당신의 자녀가 열등감을 가지고 있다면 어떻게 하는 것이 좋을까요?

우리 모두는 하나님 앞에서 우리가 얼마나 귀중한 존재인가를 인식하는 것이 필요합니다. 하나님은 우리 각 사람을 있는 그대로의 모습대로 받아 주시는 분이시라는 사실을 아는 것은 우리가 열등감으로부터 벗어나는 데에 도움이 됩니다.

물음 5

당신에게 우월감이 있다면 그것은 다른 사람들과의 관계에 어떤 영향을 끼치게 됩니까?

우월감 역시 다른 사람과 비교할 때 생기는 감정입니다. 열등감뿐 아니라 우월감도 무익합니다. 우월감과 열등감은 서로 반대 개념의 말이지만 사실 이 두 가지 감정은 동전의 앞뒷면과 같습니다. 우월감과 열등감은 상대적인 것이기 때문에 다른 사람과 비교하기를 즐기는 사람은 우월감을 지나고 있다가도 금방 열등감에 빠지게 됩니다. 이런 사람은 자기 자신에 대한 평가의 기준이 하나님에 있지 않고 사람이나 주변 환경에 있기 때문에 결코 지속적으로 행복하게 살 수 없습니다. 뿐만 아니라 우월감에 빠진 사람은 다른 사람을 존중하는 마음보다는 멸시하는 마음을 가지게 되므로 하나님이 기뻐하시 않으십니다.

"지혜 없는 자는 그 이웃을 멸시하나 명철한 자는 잠잠하느니라"(잠 11:12)

"그 이웃을 업신여기는 자는 죄를 범하는 자요 빈곤한 자를 불쌍히 여기는 자는 복이 있는 자니라"(잠 14:21)

물음 6

당신의 자녀가 다른 사람을 무시하는 말을 할 때 어떻게 해야 할까요?

자신에게 있는 것들에 대해 감사하는 마음을 가지는 것은 인생을 밝고 적극적으로 살아가는 데 중요한 역할을 합니다. 그러나 그것은 다른 사람들에 대해 가지는 우월감과는 다릅니다. 자신의 장점을 아는 것이 우월감으로 이어져서는 안 됩니다. 우월감을 가진 사람은 다른 사람들과의 관계를 해치는 독소를 품는 것입니다. 우리는 자신이 가지고 있는 것들을 가지고 이웃을 섬기는 일에 사용함으로써 보람된 인생을 살도록 해야 합니다.

물음7

우월감과 자기 존중심, 열등감과 겸손은 어떤 점에서 각각 다를까요?

· 우월감과 자기 존중심

· 열등감과 겸손

우월감이나 열등감은 다른 사람과 자신을 비교함으로써 생기는 감정입니다. 반면에 자기 존중심이나 겸손은 하나님 앞에서 자신을 돌아보는 마음입니다. 그리스도인은 사람이 하나님의 형상대로 지음 받은 존재일 뿐 아니라 하나님이 친히 사람의 모습으로 오셔서 보혈을 흘려 생명을 구원하신 귀중한 존재라는 사실을 알고, 자신의 생명과 삶을 귀중히 여겨야 합니다. 또한 이 귀중한 생명과 삶은 자신뿐 아니라 다른 사람에게도 똑같이 주어졌다는 사실을 인정해야 합니다. 모든 사람은 하나님 앞에서 독특하게 지음 받은 귀중한 존재들입니다. 우리가 이런 사실을 인정할 때 다른 사람과 비교하여 우월감이나 열등감에 빠지지 않고 자기와 다른 사람을 똑같이 존중하며 겸손한 마음을 가질 수 있습니다. 겸손은 하나님 앞에서 자신을 낮추는 모습입니다. 겸손한 사람은 결코 다른 사람을 업신여기거나 멸시하지 않고 자신을 드러내어 스스로 자랑하지 않습니다.

적용 및 과제

다른 사람과 자신, 혹은 다른 가정의 자녀와 당신의 자녀를 비교하는 마음이 들었다가 이를 극복했던 경험들을 적어 보세요.

제11과

신앙교육

이야기

노벨상 수상 여류 작가 펄벅의 부모는 중국이 정치적, 사회적으로 혼란에 빠져 있던 19세기 말부터 중국으로 건너가 선교사로 일했다. 아버지는 전도여행을 하느라 집을 비울 때가 많았으므로 아이들은 주로 어머니 캐롤라인의 양육 속에서 자라났다.

가뭄이 몹시 심하던 해였다. 어느 날 저녁, 캐롤라인이 식사를 끝낸 뒤 창가에 앉아 바느질을 하는데 밖에서 웅성거리는 소리가 들려왔다. 캐롤라인은 하녀인 왕씨 노파를 불러 밖으로 내보냈다. 사람들이 자기 집 근처에서 무슨 말을 하는지 알아보기 위해서였다. 잠시 후 노파가 사색이 되어 돌아왔다.

"마님! 야단났어요. 동네 사람들이 우리 식구들을 전부 죽이겠다고 공모하고 있어요. 오늘 밤 12시에요. 죽여서 신에게 제사를 드린답니다. 그래야 신이 노여움을 풀고 비를 내린다나요? 하오니 빨리 몸을 피하십시오. 지체하다간 전부 개죽음을 당해요."

그러나 캐롤라인은 노파의 말을 듣고도 조금도 동요하지 않았다. 오히려 그녀는 차분히 이렇게 말했다.

"피하다니요? 그럴 필요 없어요. 저는 그 사람들이 전혀 두렵지 않아요. 지금 우리가 할 일은 기도하는 일밖에 없다고 생각합니다."

캐롤라인은 우선 아이들을 일찍 재우고 자기가 하던 바느질을 계속했다. 12시가 가까워지자 캐롤라인은 노파에게 차를 준비하도록 시킨 다음, 방안 청소를 말끔히 하고 연회석상처럼 꾸며 놓았다. 식탁 위에는 금방 끓인 차와 케이크를 올려놓고, 아이들을 깨워 새 옷으로 갈아 입혔다. 마지막으로 바깥 대문과 방문을 활짝 열어 놓았다. 모든 준비를 완료하니 시계 바늘은 12시를 가리키고 있었다. 이윽고 바깥이 소란스러워졌다. 사람들의 말소리와 발자국 소리가 점점 가까이 들려왔다. 캐롤라인은 아이들과 함께 노래를 불렀다. 현관 앞에는 몽둥이며 낫을 든 사람들이 모여 있었다. 살기가 등등했다. 그러나 캐롤라인은 활짝 웃음꽃을 피우며 현관 앞으로 갔다.

"어서 오십시오, 어르신네들. 안으로 들어오세요. 여러분들을 위해 마실 것과 먹을 것을 준비해 놓았습니다."

사람들은 어이가 없다는 듯 서로 마주 보았다. 캐롤라인은 그 중 우두머리로 보이는 건장한 사내에게 정중히 찻잔을 권했다. 사내는 엉겁결에 그것을 받았다.

"자, 그렇게 서 계시지만 말고 안으로 들어오세요."

그녀가 재차 권하자 사람들은 모두 방 안으로 들어왔다. 그들은 연회석상처럼 화려한 분위기에 압도되어 버렸다. 그때 누군가 이렇게 속닥거렸다.

"참으로 이상한 일이야. 우리가 무섭지 않은가, 저 여자는?"

이 말을 들은 캐롤라인은 웃으며 말했다.

"무섭기는요. 이웃 분들을 무서워할 리가 있겠습니까? 우리는 한 마을 사람들인데요."

캐롤라인이 미소를 지으며 풍금 앞에 앉아서 중국어로 찬송가를 부르자 방 안의 분위기는 일시에 엄숙해졌다. 캐롤라인이 찬송을 끝냈을 때 이웃 사람들 중 한 사람이 침묵을 깼다.

"가야겠소. 이 집에는 여자와 애들뿐이지 않습니까?"

그는 뒤도 돌아보지 않고 밖으로 나갔다. 그러자 모든 사람들이 그 뒤를 따랐다.

펄벅의 『어머니의 초상』

물음 및 점검

물음 1

위의 이야기를 읽고 당신이 만일 이런 경우를 당했다면 어떻게 했을지 말해 보세요. 위기 가운데 처했던 캐롤라인이 한 행동을 보고 아이들은 무엇을 배웠을까요?

그리스도인들이 가져야 할 신앙은 하나님의 섭리에 대한 신뢰입니다. 그것은 우주와 그 가운데 있는 모든 것들이 그분에 의해 창조된 것을 믿을 뿐 아니라 세상의 모든 일들이 그분의 허락하심과 섭리 가운데 있음을 믿는 것입니다. 그래서 우리가 당하는 모든 일들도 그분의 손 안에 있음을 믿는 것입니다. 이런 믿음을 가진 사람은 눈앞에 어떤 일이 닥쳐도 당황하거나 두려워하지 않을 수 있습니다. 또한 범사에 감사할 수 있습니다. 하나님의 사랑과 신실하심과 보호하심을 믿기 때문입니다. 부모가 이런 신앙을 삶 가운데서 보여 줄 때 자녀들은 신앙이 어떤 것인지를 경험할 것입니다. 신앙은 말이 아니라 삶입니다.

"이는 네 속에 거짓이 없는 믿음을 생각함이라 이 믿음은 먼저 네 외조모 로이스와 네 어머니 유니게 속에 있더니 네 속에도 있는 줄을 확신하노라"(딤후 1:5)

물음 2

하나님에 대한 믿음은 어떻게 정의할 수 있습니까? 그리고 당신이 그렇게 정의한 이유를 간단하게 설명해 보세요.

성경은 믿음이 "바라는 것들의 실상이요 보지 못하는 것들의 증거"라고 정의합니다. 하나님에 대한 믿음은 곧 그분에 대한 신뢰입니다. 그것은 하나님의 나라를 바라는 것이고, 그래서 아직 이루어지지 않은 것이라고 해도 그분의 말씀을 신뢰하며 따르는 것입니다. 그리고 이 모든 일에 있어서 두려움을 가지지 않고 감사하는 것입니다. 우리가 이런 믿음을 가진다면 자녀들은 그들의 부모가 신뢰했던 하나님을 신뢰할 것입니다. 우리에게 진정한 믿음이 없다면 우리가 믿는다고 말하는 것을 따르는 데 대해 두려움이 있을 것이며, 조그만 어려운 일에도 불평과 원망이 따를 것입니다.

물음 3

자신의 삶에서 신앙이 영향을 미치는 범위는 얼마나 됩니까?(경제생활, 도덕적 문제, 직업 혹은 직장에서의 생활, 여가 시간의 활용, 사회적 책임, 남편과의 관계, 자녀 양육 등)

우리가 가진 신앙은 우리가 삶을 살아가는 방식과 가치관을 통해 우리의 말과 생각과 그 밖의 모든 삶의 국면들을 지배해야 합니다. 어떤 사람이 자신을 그리스도인이라고 생각하면서도 삶과 가치관이 신앙 고백과는 별개로 형성되어 있다면 이는 중대한 문제가 아닐 수 없습니다. 하나님의 말씀 속에 있는 가르침은 우리가 가진 종교가 믿는 것이 아니라 우리 자신이 믿는 것이 되어야 합니다. 우리의 신앙은 우리의 말과 생각과 행동을 결정짓습니다. 그러므로 우리의 말과 행동은 우리가 하나님의 말씀을 우리가 가진 종교의 가르침으로 인식하는 것인지 아니면 우리 자신이 믿고 따르는 것인지를 보여 줄 것입니다.

물음 4

자녀들에게 부모의 신앙을 가르칠 필요가 있을까요? 자녀들의 자유로운 선택에 맡기는 것이 옳지 않을까요?

신앙은 자유입니다. 모든 사람이 각자의 신앙을 선택하는 것입니다. 부모가 자녀의 신앙을 대신할 수는 없습니다. 그러나 부모로서 우리가 가장 귀중히 여기는 것을 사랑하는 자녀들에게 전해 주고 싶어 하는 것은 당연합니다. 세상의 많은 사람들이 자녀에게 유산을 남기려고 애쓰는 것을 보는데, 그것은 그들에게 있어 가장 사랑하는 사람에게 가장 좋고 귀중한 것을 물려주려는 노력입니다. 물질을 귀중한 것으로 생각하는 사람은 그것을 물려주기 위해 노력할 것이고, 신앙을 귀중한 것으로 생각하는 사람은 그것을 물려주려고 노력할 것입니다.

하나님은 자녀들에게 하나님의 말씀을 부지런히 가르치라고 명령하고 계십니다. 자유의 합리성을 외치는 이들에게 속지 마십시오. 신앙을 선택하는 자유는 당신의 자녀에게 있다 해도, 당신은 자녀에게 하나님의 말씀을 가르쳐야 합니다.

> "오늘날 내가 네게 명하는 이 말씀을 너는 마음에 새기고 네 자녀에게 부지런히 가르치며 집에 앉았을 때에든지 길에 행할 때에든지 누웠을 때에든지 일어날 때에든지 이 말씀을 강론할 것이며"(신 6:6,7)

물음 5

자녀들의 신앙 성장을 위해 가장 필요한 것은 무엇이라고 생각합니까?

성장은 양분을 섭취함으로써 이루어집니다. 신앙 성장을 위한 양분은 무엇보다도 하나님의 말씀입니다. 그래서 성경은 하나님의 말씀을 '젖' 이라고 표현했습니다. 그런데 이 양분은 섭취할 때만 그 사람 안에서 기능을 발휘할 수 있습니다. 성경에 기록된 하나님의 말씀은 각 사람 안에 기록되고 경험될 때 신앙을 성장시키는 양분이 될 수 있습니다. 그러므로 부모된 우리는 먼저 우리 자신이 하나님의 말씀으로 말미암아 성장할 수 있도록 해야 하며, 또한 자녀들이 이 말씀을 힘입을 수 있도록 도와주어야 합니다.

자녀들의 신앙 성장을 돕기 위해서는 당연히 그들이 하나님의 말씀을 경험하도록 하는 일을 우선적으로 해야 합니다. 그러므로 자녀들이 글을 읽기 이전에라도 성경을 읽어 줌으로써 하나님의 말씀과 친숙해지도록 하는 일, 집 안에 하나님의 말씀이 적힌 액자나 종이를 붙여 두는 일, 자녀와 함께 성경을 읽는 일, 성경에 나온 이야기를 주제로 이야기하는 일 등을 통해 자녀들이 주변에서 늘 하나님의 말씀을 경험할 수 있도록 도와줄 수 있습니다.

뿐만 아니라 하나님을 섬기는 다른 사람들과 교제하도록 하는 것도 필요합니다. 이를 위해 교회에 나가 함께 예배하고 함께 교육을 받을 수 있도록 이끌어 주어야 합니다. 또 자녀와 함께 기도함으로써 하나님의 실재를 경험할 수 있도록 도와주어야 합니다. 그러나 무엇보다도 중요한 일은 부모 자신이 하나님의 말씀을 경험하며 사는 데 있어서 본이 되는 것입니다.

"또 네가 어려서부터 성경을 알았나니 성경은 능히 너로 하여금 그리스도 안에 있는 믿음으로 말미암아 구원에 이르는 지혜가 있게 하느니라"(딤후 3:15)

물음 6

신앙인으로서 산다는 것과 자녀를 양육하는 부모가 된다는 것은 어떤 차이가 있을까요?

하나님을 믿는 사람으로서 산다는 것과 자녀를 신앙으로 양육하는 부모가 된다는 것은 같은 말이 될 수도 있고, 다른 말이 될 수도 있습니다. 어떤 사람이 진실되고 정직한 신앙인으로서의 삶을 산다면 당연히 자녀들에게 신앙의 본을 보이게 될 것이기 때문에 이 두 가지는 같은 말이 될 수 있습니다. 그러나 그렇다 하더라도 자녀를 신앙으로 양육하고자 하는 적극적인 의지를 가지는 것이 필요합니다. 그것은 하나님께로부터 자녀의 양육을 위임 받은 청지기로서 직임에 충성하는 자세입니다.

물음 7

가정예배를 드리고 있습니까? 드리고 있다면 어떤 방법으로 드립니까?

가정예배를 드리는 데에는 정해진 틀이 없습니다. 정해진 틀을 만들어 그것에 매이다 보면 가정예배를 드리는 것이 부담스러워 아예 예배를 드리지 않게 되거나 형식으로서의 의미만 지니게 됩니다. 가정예배의 목적은 온 가족이 한자리에 모여 하나님을 기억하는 것입니다. 온 가족이 하나님 앞에서 그분의 말씀을 듣고 그분께 감사하며 필요를 아뢰는 시간입니다. 그러므로 온 교회 회중이 모여 드리는 예배보다는 자유로운 분위기를 가지는 것이 좋습니다. 그러나 자유로운 분위기가 흐트러진 자세를 의미하는 것이 아님을 가르쳐야 합니다. 그렇지 않으면 나이 어린 자녀들은 예배에 임하는 마음가짐을 배우지 못할 뿐 아니라, 그러한 자세가 공중 예배에까지도 연장되기 때문입니다. 또 개인적인 묵상 시간과는 달리 자녀들과 함께 드리는 것이므로 자녀들도 예배의 주체로서 함께 참여할 수 있도록 성경 읽기와 기도를 돌아가며 맡게 하고 찬송도 자녀들이 함께 부를 수 있는 곡으로 택하는 것이 좋습니다. 전체적인 시간은 자유롭게 하되 지루하게 느껴지지 않을 정도로 해야 하며 매일, 혹은 부득이한 경우에는 일주일에 한 번 드리더라도 꼭 정해진 시간에 드리는 것이 좋습니다.

적용 및 과제

1. 가족들이 잘 볼 수 있는 곳에 성경 말씀을 써서 붙여 두세요. 그리고 일정 기간을 주기로(매주 혹은 매달) 다른 말씀으로 바꿔 놓으세요. 꼭 좋은 액자에다 끼워 놓을 필요는 없습니다. 성경 말씀을 붙여 두는 것은 장식을 위한 수단이 아니라, 하나님의 말씀을 가까이 하여 마음에 새기기 위함입니다.

2. 가정예배를 드리는 가장 좋은 시간과 방법을 정하고 날마다 가족이 함께 모여 하나님을 기억하도록 하세요.

· 시간 :

· 방법 :

제12과

정직–삶의 모범

이야기

한 엄마가 다섯 살 된 아이의 손을 잡고 슈퍼마켓에 갔다. 그런데 엄마가 물건을 고르는 동안 옆에 따라 다니던 아이가 잘못해서 계란 더미에서 몇 개의 계란 꾸러미를 떨어뜨렸다. 포장이 되어 있었기 때문에 깨진 것이 금방 밖으로 흘러나오지는 않았지만 적지 않은 수의 계란이 깨져 있었다. 아이는 걱정스런 얼굴로 "엄마, 어떡하지?" 하고 물었다. 그 엄마는 주위를 둘러보고는 얼른 계란을 제자리에 쌓아 놓고 "괜찮아. 아무도 본 사람이 없잖아?" 하고는 태연스레 아이의 손을 잡고 그 자리를 떠났다.

물음 및 점검

물음 1

여러분 자신이나 주변의 사람의 이야기 중 이와 비슷한 일이 있으면 기록해 보세요.

아이들은 부모가 하는 말을 통해서가 아니라 부모의 행동과 삶을 보고 그들이 어떻게 살아가야 하는지를 배웁니다. 아이들은 부모가 말하는 것은 귀담아 듣지 않으면서도 부모가 행하는 것을 보는 데는 상당한 통찰력이 있습니다. 당신이 상상할 수 있는 정도 이상으로 아이들이 당신을 주의 깊게 관찰하고 있다는 사실을 명심하십시오. 어느 날 당신의 맏아이가 둘째를 야단치는 모습 속에서 당신 자신도 깨닫지 못했던 당신의 모습을 발견하게 될지도 모릅니다.

물음 2

위의 이야기에 나오는 엄마가 중요하게 여기는 것은 무엇입니까? 이런 일이 있은 후 아이와 엄마의 관계에 대해 말해 보세요.

우리는 많은 경우 하나님의 눈보다 사람의 눈을 의식하며 삽니다. 이것은 '하나님이 어떻게 생각하실까?' 보다 '다른 사람들이 어떻게 생각할까?' 를 더 중시하며 산다는 뜻입니다. 정직은 곧 하나님 앞에서 사는 삶이며 하나님이 계시는 것을 인정하는 삶입니다. 만일 당신이 하나님을 믿는다고 말하면서도 정직하지 않다면 그것은 다른 사람들뿐 아니라 자신을 속이는 것입니다. 하지만 하나님은 속지 않으십니다.

> **"이 세상이나 세상에 있는 것들을 사랑치 말라 누구든지 세상을 사랑하면 아버지의 사랑이 그 속에 있지 아니하니 이는 세상에 있는 모든 것이 육신의 정욕과 안목의 정욕과 이생의 자랑이니 다 아버지께로 좇아 온 것이 아니요 세상으로 좇아 온 것이라"**(요일 2:15, 16)

우리는 말씀 앞에서 자신을 정직하게 돌이켜 보아야 합니다. 만일 우리가 입으로 영적인 것이 더 가치 있는 것이라고 말하면서도 눈에 보이는 것과 이생의 자랑을 더 중요하게 여기는 삶을 산다면 그것을 누구보다도 자신을 속이는 것입니다.

정직하지 못한 삶은 또한 자녀와의 관계를 크게 손상합니다. 당신의 부정직함을 아는 자녀는 결코 당신을 신뢰하지 않을 것이고 존경하지도 않을 것입니다. 뿐만 아니라 부모에게서 부정직한 본을 보고 자라는 아이 역시 그의 인격 속에 부정직함을 키우고 있을 가능성이 많기 때문에 서로가 신뢰할 수 없는 관계가 될 것입니다.

"정직한 자는 그 의로 인하여 구원을 얻으려니와 사특한 자는 자기의 악에 잡히리라"(잠 11:6)

물음 3

자녀들에게 당신의 잘못을 인정하며 사과한 적이 있습니까?

당신의 자녀에게 있어서 당신은 모방의 대상입니다. 당신의 삶은 그들에게 하나의 중요한 모델이 됩니다. 그러나 이러한 사실 때문에 당신이 자녀들 앞에서 완벽하려고 하는 것은 문제를 불러일으킵니다. 왜냐하면 당신은 완벽할 수 없기 때문입니다. 있는 그대로의 모습을 보여 주십시오. 물론 당신은 부모로서, 또 하나님 앞에 사는 신앙인으로서 당신의 삶을 개

선시켜 나가야 합니다. 그러나 완벽하게 보이려고 하지 마십시오. 당신의 자녀들 앞에서 정직한 모습을 보이는 것이 그들을 돕는 최선의 길입니다.

당신이 삶을 살아가면서 부딪치는 문제들 때문에 실망하기도 하고 슬픔을 겪기도 하며 때때로 실수를 하기도 한다는 사실을 아는 것은 자녀들이 앞으로의 삶을 살아가는 데 큰 도움이 될 것입니다. 그리스도인들도 여러 종류의 문제에 부딪치며 어려움을 겪기도 한다는 것은 당신의 자녀가 알아야만 하는 현실입니다. 당신이 당신의 약한 부분들을 스스로 인정할 수 있을 때 오히려 당신의 삶은 담대해 질 수 있습니다.

당신이 자녀들 앞에서 당신의 약한 부분들에 대해 솔직할 때 얻을 수 있는 또 하나의 유익은 그들과 보다 친밀한 관계가 형성된다는 것입니다. 아이들은 자신의 잘못을 시인하는 어른을 존경하며 신뢰합니다.

물음 4

"엄마, 하나님께 기도하면 하나님이 무엇이든지 다 들어주셔요?" 하고 묻는 아이에게 어떻게 대답합니까?

자녀들과 솔직한 관계를 유지하는 것은 자녀들에게 신앙을 가르치는 데 있어서도 가장 효과적인 방법이 될 수 있습니다. 당신 자신의 삶을 자녀들과 솔직히 나누는 가운데 당신의 자녀들은 당신의 신앙을 배우게 될 것입니다. 당신은 그들에게 기도란 어떤 것인지 하나님을 의뢰하는 것이 어떤 것인지에 대해 말로 가르칠 필요가 없습니다. 그들은 당신과 함께 기도함으로써 기도를 배우게 될 것이고, 때로 당신의 기도가 응답되지 않는 것이 무엇을 뜻하는지를 배우게 될 것입니다.

물음 5

"엄마, 아기는 어떻게 해서 생겨요?" 하고 묻는 아이에게는 어떻게 대답합니까?

정직하다고 하는 것은 모든 것을 다 노출한다는 것과는 다릅니다. 오히려 숨기는 것이 자녀를 위해 유익하거나 덕이 되는 경우도 있습니다. 성경은 마음이 신실한 자는 남의 비밀을 숨긴다고 했습니다(잠 11:13). 그것은 속이거나 거짓말을 하는 것과는 다릅니다. 아이들이 성에 관한 질문을 할 때는 대답하기 곤란한 경우가 있지만 아이의 연령에 따라 적절하게 대답해 주어야 합니다. 연령에 적절하지 않게 부모의 육체적 관계에 대해 일찍 알게 된 아이들은 심리적 충격으로 인해 반항적이 되는 경우도 있습니다.

혹은 아이들이 모르는 것이 더 유익하다고 생각되는 집안일 등이 있을 수도 있습니다. 아이들이 굳이 알려고 할 때는 엄마가 왜 가르쳐 주려고 하지 않는지 이유를 말해 주는 것이 좋고, 부득이하게 알게 되었을 때는 왜 그것을 숨겼는지를 얘기해 주면서 엄마가 무엇을 염려하는지를 아이와 함께 이야기하는 기회로 삼는 것도 좋습니다.

물음 6

당신의 자녀가 거짓말을 했을 때는 어떻게 해야 할까요?

아이들이 거짓말을 하는 것을 알고도 그대로 지나치는 것은 위험합니다. 몇 번의 허용으로 아이에게 돌이킬 수 없는 습관을 만들어 줄 수도 있습니다. 그대로 지나치지 말라는 것이 반드시 심한 체벌을 해야 한다는 말은 아닙니다. 어쩌면 조용한 말로 엄마가 그 일로 인해 얼마나 실망하고 있는지를 이야기해 주는 것이 더 좋은 방법일 것입니다. 사실 당신의 아이가 정직하지 못한 사람으로 자란다면 자녀를 위한 모든 수고가 헛된 것이 될 것입니다.

이와 함께 자녀에게서 정직하지 않은 모습을 발견할 때는 당신 자신의 삶을 돌이켜 보는 것도 필요합니다. 아이가 거짓말을 하는 원인이 부모에게 있지는 않은가 되짚어 보는 일도 필요합니다. 부모가 정직하게 사는 사람들이라고 해도 때로 아이들은 부모의 반응이 너무 두려운 나머지 거짓말을 할 수도 있습니다. 평소에 잘못된 행동에 대해서는 단호하면서도 자녀를 이해하고 용납해 주는 부모임을 보여 주는 것이 필요합니다.

"정직하게 행하는 자는 여호와를 경외하여도 패역하게 행하는 자는 여호와를 경멸히 여기느니라"(잠 14:1)

적용 및 과제

이 과를 공부한 후 자신의 삶이나 아이와의 관계에서 달라진 것이 있으면 기록해 보세요.

제2부

유아기 자녀의 어머니를 위한 **훈련 교재**

제1과

유아기의 특징과 발달 과제

이야기

"우리 아이는 요즘 영재교육 학원에 다니고 있어요. 교육은 빨리 시작할수록 좋대요. 유치원에도 보내긴 해야 하니까 내년엔 유치원에 보내겠지만 유치원에서는 글씨 쓰기나 셈하는 것은 별로 가르쳐 주지 않는대요. 그래서 여섯 살 때는 유치원에 보내고 일곱 살 때는 학원 몇 군데를 보내서 학교에 입학시키려고 해요. 요즈음 옛날 같지 않아서 학교에 가기 전에 글도 다 알아야 하고 셈도 할 줄 알아야 한대요. 이젠 글씨 쓸 줄 모르고 학교에 오는 애가 없기 때문에 학교에서도 아예 글자는 가르쳐 주려고 하지도 않는대요. 처음부터 뒤떨어지면 곤란하잖아요? 학교 가기 전에 미술학원도 다니고 속셈학원에도 다녀봐야 기죽지 않고 학교 다닐 수 있지요."

물음 및 점검

물음 1

위의 이야기는 다섯 살짜리 자녀를 둔 어느 엄마의 이야기입니다. 당신은 자녀가 학교에 입학하기 전에 어떤 가르칠 계획을 하고 있습니까?

교육은 빨리 시작하는 것이 좋다는 말은 사실입니다. 그러나 그것은 어떤 특정한 교육 기관에 의해 이루어지는 교육을 말하는 것이 아닙니다. 사실 아이는 세상에 태어나면서부터 무엇인가를 배우기 시작합니다. 그렇다고 해서 아이를 낳기만 하면 자동적으로 교육을 시작한 것이라고 말할 수는 없습니다. 교육이란 아이를 어떤 바람직한 상태로 이끌어 주기 위한 의지적인 노력이기 때문입니다. 따라서 교육을 하는 목적의식이 있어야 합니다. 예컨대 아이를 바르게 양육하고자 하는 의지와 목적의식을 가지고 아이에게 사랑스러운 표정으로 눈을 마주치며 젖을 물린다면 이미 교육을 시작한 것이라고 할 수 있습니다.

가정은 세상에 태어난 아이가 가장 먼저 교육을 받는 장소입니다. 그리고 부모는 첫 번째 교사인 셈이지요. 이 최초의 교육의 장에서 엄마의 역할은 다른 누구의 역할과도 비교할 수 없는 중요한 것입니다. 그런데 최근에는 가정교육의 중요성은 잊은 채 아이를 전문 유아교육 기관에 보내는 것으로 부모로서의 역할을 다했다고 착각하는 사람들이 많아지고 있는 듯합니다. 아이의 교육을 다른 사람에게 맡기는 것이지요. 그러나 이런 태도는 말할 필요도 없이 잘못된 것입니다. 특히 학령기 이전 자녀의 교육은 부모가 해야 합니다. 비록 부분적으로 전문 유아교육 기관의 도움을 받을 수는 있다고 하더라도 교육의 주체는 부모 자신이 되어야 합니다.

우리는 지능의 대부분이 6세 이전에 결정된다는 사실을 알고 있지요. 이 말은 분명히 유아기(젖을 뗀 후 만 6세에 이르는 기간을 가리키는 말로 학령기 이전의 초기 아동기를 말함) 교육의 중요성을 강조한 말입니다. 지능뿐 아니라 다른 모든 기본적인 능력이나 습관을 포함한 인격의 여러 부분들이 대부분 이 시기에 틀을 잡게 됩니다. 그런데 사람들이 유독 지능에만 관심을 가지는 것은 자기 자녀를 남에게 뒤떨어지지 않는 아이로 키우고 싶은 욕심 때문입니다. 자녀를 양육하는 데 있어서 부모의 욕심은 어떤 면에서 꼭 필요한 것입니다. 욕심이 있어야 의지적인 노력이 뒤따르기 때문입니다. 그러나 그 욕심은 선한 욕심이어야 합니다. 남을 누르기 위한 욕심이나 남보다 더 가지기 위한 욕심이 아니라 바르게 양육하여 사람다운 사람이 되고 이웃과 하나님 나라를 위해 선한 일을 하게 하고자 하는 욕심이어야 합니다.

물음 2

당신은 자녀를 위해 어떤 욕심을 가지고 있습니까? 구체적으로 써 보고 그 욕심의 근원이 선한 것인지 점검해 보세요.

그러면 이제 자녀를 공식적으로 공교육 기관인 학교에 보내기 이전에 아이에게 가르쳐야 할 것이 무엇인지 점검해 봅시다. 글씨 쓰기나 셈하는 방법, 미술의 기본, 태권도 등일까요? 그런 것들을 가르치는 것이 잘못되었다는 말은 아닙니다. 그러나 그것이 목표가 되어서는 안 됩니다. 가정의 울타리를 벗어난 장소에서 많은 시간의 교육이 이루어지기 전에 먼저 아이에게 가르쳐야 할 것들이 있습니다. 그것이 바로 유아기 교육에서 목표로 삼아야 할 것입니다. 예를 들어 바른 언어습관이나 식습관, 기본적인 인사 예절, 정직한 마음과 태도, 친구들과 사이좋게 지내는 마음 등은 이 기간 동안 훈련해야 할 중요한 것들입니다. 한번 형성된 습관이나 태도, 마음가짐 등은 바꾸기 어렵고, 앞에서도 언급했듯이 인격의 많은 부분들이 유아기에 이미 형성되거나 틀을 잡기 때문입니다.

물음 3

당신은 자녀의 성장을 올바른 방법으로 돕기 위하여 자녀의 현재 상태를 아는 것이 필요합니다. 당신의 자녀는 다음 여러 가지 면에서 어떤 모습을 보여 주고 있습니까?

1) 정서적 측면 : 부모의 사랑을 충분히 느끼며 심리적으로 안정되어 있습니까? 불안해할 때는 언제입니까?

유아기는 특별히 부모의 보호와 사랑이 필수적인 때입니다. 이 시기에 부모로부터 충분한 사랑을 받지 못하고 자라면 안정감이 없고 불안한 인격을 가지게 됩니다. 가까이에서 돌보아 주어야 할 엄마나 아빠가 갑자기 오랜 시간 자리를 비우는 일이 잦으면 불안과 공포를 느끼게 되므로 아이를 떠나 오랜 시간 지나게 될 때에는 충분히 안심시킨 후에 갔다 와야 합니다. 그리고 필요할 때는 엄한 모습을 보여 주더라도 언제나 따뜻함을 잃지 말아야 합니다.

2) 사회적 측면 : 다른 친구들과 어울려 지내는 데에는 어려움이 없습니까? 문제가 되는 행동은 없습니까?

아직 사회성이 발달하지 않은 유아기의 아이들은 옆에 자기 또래의 다른 아이가 함께 있는 것을 좋아하긴 하지만 서로 관계를 맺으며 놀지는 않습니다. 그러다가 차차 다른 아이들과 함께 주고받는 놀이를 하게끔 발전하는 것입니다. 그러나 간혹 다른 아이들을 적대시하며 경계의 대상으로 생각하는 아이들도 있는데 이것은 불안정한 정서의 표현이기 때문에 인내심을 가지고 사랑에 대한 믿음을 심어 주어 교정해 주어야 합니다. 그러기 위해서는 문제가 있는 행동에는 반드시 이유가 있을 것이라는 생각을 가지고 원인을 해결하려는 자세가 필요합니다.

3) 인지적 측면 : 사물에 대해 얼마나 이해하고 있습니까? 자기의 생각을 말로 분명하게 표현할 수 있습니까? 언어나 문자, 산술적 개념, 기하학적 개념 등을 배울 만한 준비가 되어 있습니까?

아이의 지적인 발달에만 관심을 가지는 것은 잘못이지만 지적인 발달 자체는 아이가 성장해 가는 과정에서 매우 중요한 부분입니다. 인지적 측면의 발달은 다른 측면들의 발달을 돕는 데도 중요한 역할을 합니다. 부모가 지나치게 아이의 일을 대신해 주거나 돌보아 주게 되면 아이는 자신의 의사를 표현하거나 자기에게 일어난 문제를 설명할 필요를 느끼지 않게 되어 지적 능력이 발달하는 데 장애가 될 수 있습니다.

또한 지적 능력을 정상적으로 발달시키기 위해서는 아이의 능력에 지나치게 앞서서 재촉하지 말고 아이의 발달 상태를 정확히 파악하여 적절하게 이끌어 주어야 합니다. 현재 상태로 아이가 소화할 수 있는 수준 이상의 것을 요구한다면 아이는 학습에 대한 흥미를 잃어버릴 것입니다. 무엇인가를 배울 만한 준비가 되어 있다는 사실은 아이가 그 일에 흥미를 표시하는 것으로 알 수 있습니다. 이 시기의 아이들은 대체로 호기심과 학습의욕이 왕성하기 때문에 이를 억눌러서 질식시키지만 않는다면 지적 능력은 자연스럽게 발달할 것입니다. 무엇인가를 안다는 것을 누구에게나 즐거운 경험이기 때문에 강요할 필요가 없습니다. 글자를 알고 싶어 할 때 읽고 쓰는 것을 가르치면 됩니다.

4) 도덕적 측면 : 정직합니까? 자기 물건과 다른 사람의 물건을 구분하고 다른 사람의 물건에 함부로 손대지 않습니까? 부모의 말에 순종합니까?

유아기에는 인지적으로 덜 발달해서 상상의 세계와 현실 세계를 혼동하여 말할 때가 있지만 이런 경우는 의도적으로 사실을 숨기려고 하는 부정직한 말과는 구분할 수 있습니다. 아무리 어리다고 하더라도 부정직한 말을 할 때에는 그대로 넘어가지 말아야 합니다. 또 부모의 말에 순종하는 태도는 어려서부터 가르쳐야 합니다.

그러나 이 시기의 아이들은 자기중심적인 특징을 가지고 있기 때문에 다른 사람의 입장을 이해하지 못하는 경우가 많습니다. 그것은 객관적인 인지 능력이 발달하지 못했기 때문이므로 어른들의 이해가 필요한 부분이며 이기주의적인 자기중심성과는 구별해야 합니다.

5) 신체적 측면 : 연령에 맞게 정상적으로 자라고 있습니까? 몸을 청결하게 하는 습관이나 올바른 식습관을 가지고 있습니까?

최근에는 영향 과다로 비만증에 걸리는 아이들이 있는데 무조건 많이 먹이는 것이 좋은 것은 아닙니다. 적당하게 먹고, 적당하게 자고, 적당하게 활동하는 습관을 형성하도록 해야 합니다. 아이가 지나치게 살이 찌거나 지나치게 허약하면 다른 면들이 바르게 성장하는 데 장애가 되기도 합니다. 비만아들은 식욕도 비정상적으로 왕성해서 어느 정도 자라게 되면 자신의 식욕대로 먹는 것을 제지당할 때 이에 대한 욕구 불만이 생기기도 합니다. 반면 허약한 아이들은 원기가 부족해서 신경질적이 되거나 의욕이 없는 아이가 될 수도 있습니다. 특히 이 시기에는 외형적 신체뿐 아니라 내장의 각 부분도 적절하게 성장해야 섭취한 영양을 흡수할 수 있는 내적 능력이 생긴다는 사실을 알고 기초 공사를 하는 마음으로 아이의 건강을 돌보아야 합니다.

신체적인 문제에 관해서는 아이에게 문제가 있는데도 사랑스런 마음 때문에 정확한 판단을 하지 못하는 경우가 있습니다. 아이의 문제를 발견하고 걱정해 주는 사람의 말을 오해하여 섭섭하게 생각하거나 원망하다가 시기를 놓치는 사람들이 있는데, 주변에 아이의 어떤 신체적인 특징이나 행동상의 특징에 대해 걱정해 주는 사람들이 있다면 귀를 기울이고 객관적으로 아이를 관찰해 볼 필요가 있습니다. 예를 들어서 눈이 사시이거나 청각 장애 혹은 언어 장애를 가진 경우 조기 발견에 의해 훨씬 효과적으로 치료받을 수 있기 때문입니다. 비만아가 되거나 허약아가 되는 것도 경험이 있는 주변 어른들의 충고에 귀를 기울이면 미연에 방지할 수도 있습니다. 어릴 때의 건강은 평생의 건강을 좌우합니다.

밖에서 돌아왔을 때나 식사 전에 손을 씻는 일, 식후와 취침 전에 이를 닦는 일도 이 시기에 훈련해야 합니다. 때를 놓치면 이런 부분에 대해서 게으른 아이가 될 것입니다. 또 이가 일찍 썩어서 빠지게 되면 치과에 자주 다녀야 하는 불편함을 겪어야 할 뿐 아니라 치열도 고르지 않게 되어 얼굴 전체 모양이 보기 흉해질 수도 있습니다. 최근에는 교정 기술이 발달하여 후에 교정이 가능하다고 하더라도 그것이 아주 불편한 일이라는 사실을 알고 일찍부터 이를 바르게 닦는 습관을 길러 주어야 합니다. 건강한 치아를 가지고 있다는 사실은 아이에게 자신감을 심어 주는 데도 도움이 됩니다.

6) 신앙적 측면 : 기도할 줄 압니까? 주일학교의 유아부 혹은 유치부에 보내고 있습니까?

규칙적으로 자녀와 함께 기도하고 성경을 읽음으로써 어려서부터 하나님의 실제를 알 수 있도록 하는 것은 그리스도인 부모로서 마땅히 힘써야 할 일입니다. 아이가 부모에게 자기 의사를 표현할 수 있게 되면 곧바로 기도하는 것을 가르쳐 주는 것이 좋습니다. 일정한 나이가 되면 가정에서뿐 아니라 교회에서 또래의 아이들 및 교사들과 따로 예배드리게 하고

교회에서 있었던 일을 아이와 함께 이야기하면 아이는 그것을 즐거워할 것이고 신앙 성장에도 도움이 될 것입니다.

어떤 연령의 자녀라도 마찬가지이지만 이 시기에는 특히 잘못을 야단치는 것보다는 타이르며 어떻게 하는 것이 올바른 것인지 가르치며 이끌어 주어야 합니다. 아이의 올바른 성장을 위해 사랑하고 이해하며 가르치고 이끌어 주는 것이 곧 교육입니다.

묵상

사사기 13장 8~12절을 읽으세요.

"마노아가 여호와께 기도하여 가로되 주여 구하옵나니 주의 보내셨던 하나님의 사람을 우리에게 다시 임하게 하사 그로 우리가 그 낳을 아이에게 어떻게 행할 것을 우리에게 가르치게 하소서 하나님이 마노아의 목소리를 들으시니라 여인이 말에 앉았을 때에 하나님의 사자가 다시 그에게 임하셨으나 그 남편 마노아는 함께 있지 아니한지라 여인이 급히 달려가서 그 남편에게 고하여 가로되 보소서 선일에 내게 임하였던 사람이 또 내게 나타났나이다 마노아가 일어나 아내를 따라 그 사람에게 이르러 그에게 묻되 당신이 이 여인에게 말씀하신 사람이니까 가라사대 그로라 마노아가 가로되 당신의 말씀대로 되기를 원하나이다 이 아이를 어떻게 기르오며 우리가 그에게 어떻게 행하오리이까"(삿 13:8~12)

본문은 자녀를 양육하는 문제에 대해 어떤 교훈을 줍니까?

적용

1. 본 과를 통해 새롭게 깨달은 점은 무엇입니까?

2. 본 과를 공부한 후 당신이 적용할 수 있는 일은 어떤 것들입니까?

제2과

가정에서 하는 몬테소리 교육

이야기

오늘 선영이가 사는 아파트 입구에 화분 장수가 왔다. 선영이와 엄마는 함께 시장에 갔다가 오는 길에 예쁜 화분을 보고 하나 사가지고 왔다.

"엄마, 이 나무는 이름이 뭐예요?"

"응, 치자나무란다."

"이 나무에도 꽃이 펴요?"

"그럼, 꽃도 피고 열매도 열리지. 사과나무에는 사과가 열리고, 포도나무에는 포도가 열리는 것처럼 치자나무에는 치자 열매가 열린단다."

"치자 열매도 먹나요?

"그래. 하지만 포도나 사과처럼 과일로 먹는 게 아니라 약으로 쓰지. 그리고 옛날에는 물을 들일 때도 썼대. 열매 색깔이 노라니까 노란 물을 들일 때 썼다더라."

"엄마, 이 가지에는 잎이 안 달렸어요."

"그렇구나. 가지가 죽었네. 이 가지는 잘라 내자. 선영아, 너 '예수님은 생명의 참 포도나무' 라는 노래 아니?"

"네, 유치부에서 배웠어요."

"그래? 그 노래에서처럼 이 가지는 잎도 없고 열매도 열리지 않을 테니까 잘라 버리자. 이런 가지는 하나님도 좋아하시지 않을 거야."

물음 및 점검

물음 1

위의 이야기에 나오는 선영이 엄마에게서 어떤 것을 배울 수 있습니까?

물음 2

이런 식의 대화는 자녀에게 어떤 유익을 줄 수 있을까요?

물음 3

당신도 자녀와 함께 이런 식으로 이야기를 나눈 경험이 있습니까? 한 가지 예를 들어 보세요.

위의 이야기에서 선영이 엄마는 자녀와의 대화를 통해 아주 훌륭한 교육을 하고 있습니다. 아이와 함께 생활하면서 수시로 이런 교육을 할 수 있는 사람은 부모뿐입니다. 선영이는 이제 치자나무가 어떻게 생겼는지도 알고 그 나무의 쓰임새까지도 잘 알게 되었을 것입니다. 조금 지나면 치자

나무의 꽃과 열매도 눈으로 볼 수 있겠지요. 그러나 무엇보다도 자기의 물음에 귀찮아하지 않고 성의 있게 대답해 주는 엄마에게 흠뻑 사랑을 느낄 것입니다. 아마 선영이가 더 자라면 엄마는 죽은 가지를 가지고 포도나무와 하나님의 사랑에 대한 이야기를 더 해 줄지도 모릅니다.

몬테소리(1870~1952) 여사가 생각해 낸 교육은 원래 아이를 영재로 키우기 위한 것이 아니었습니다. 오히려 정반대로 지진아들을 위해 고안해 낸 것으로서, 그 아이들이 배울 수 있도록 감각적이고도 구체적인 방법을 사용하여 아이들의 능력을 계발시키기 위한 것이었습니다. 실제 생활에 필요한 훈련들과 몸의 각 부분을 움직이는 훈련, 감각을 발달시키는 훈련 등이 그런 것들입니다. 그런데 그런 훈련들이 비장애아들의 발달에도 큰 도움을 준다는 사실을 사람들이 알게 되자 앞 다투어 마치 몬테소리 교육이 영재 교육의 대명사인 것처럼 사용하게 된 것입니다. 예를 들면 가위질을 하거나 젓가락질을 하는 것은 그 자체로서의 훈련의 효용성 외에도 두뇌를 발날시키는 네 아주 효과적입니다. 또 사물을 보고 만지면서 정서를 키워나가도록 격려하는 것도 좋은 방법입니다.

이런 교육은 어떤 대단한 기술이 필요한 것이 아닙니다. 아이의 인격을 존중해 주고 사랑하는 마음이 있으면 할 수 있는 것입니다. 몬테소리 교육은 아이와의 개별적인 대화를 하고 아이의 활동을 차분히 관찰하면서 스스로 기술을 익힐 수 있도록 도와주는 것을 통해 이루어지는 것이 가장 효과적이므로 부모가 하는 것이 가장 자연스럽습니다. 아이가 가지고 노는 장난감이나 돌, 흙 같은 것들을 소재로 이야기 나눌 수도 있고, 아이의 질문으로부터 시작하여 이야기를 나눌 수도 있습니다. 중요한 것은 평소에 아이의 행동을 잘 관찰하며 기회가 있을 때마다 아이에게 다가가 함께 이야기를 나누며 즐거운 시간을 가지는 것입니다. 이런 경험을 통해 아이는 끈기와 집중력을 키우게 되고 사물에 대해 학습하는 사고의 과정을 거치게 됩니다. 산 교육이란 바로 이런 것입니다.

유아기의 아이들은 사고가 충분히 발달하지 않았기 때문에 추상적인 사고를 하거나 책에서 글을 읽어서 배우는 일에는 어려움을 느끼고, 따라서 흥미를 가지지 못합니다. 이 시기 아이들의 사고의 특징은 구체적이어야 이해할 수 있다는 것입니다. 그러므로 아이들은 이론보다는 실천을 통해 배웁니다.

물음 4

당신의 자녀가 놀이터에서 흙장난을 하고 있을 때는 어떤 대화를 나누며 아이를 가르칠 수 있을까요?

아이가 흙장난 하고 있으면 대개 엄마들은 아이의 옷이나 손이 더러워지는 것을 먼저 걱정합니다. 하지만 아이는 아주 즐거운 시간을 보내며 학습을 하고 있다는 사실을 기억하기 바랍니다. 흙장난을 하는 동안 아이가 상상력도 키우고 흙의 느낌을 느끼며 친구들과 놀고 있다면 흙은 사회성을 키우는 좋은 재료가 되는 것입니다. 흙장난하는 아이 옆에 다가가 함께 놀이를 하면서 아이와 이야기해 보세요. 흙의 느낌에 대해서, 흙으로 만들 수 있는 물건들에 대해서, 흙이 사람들의 생활에 주는 도움에 대해서 이야기해 보세요. 그리고 다음 기회에는 문구점에서 찰흙을 사서 여러 가지 모양을 만들어 보세요. 그런 공부는 유치원에서만 하는 것이 아닙니다. 그

후에 흙장난을 한 다음에는 옷이나 몸을 청결히 해야 한다고 가르쳐도 늦지 않을 것입니다.

물음 5

당신의 자녀가 싱크대 밑에서 냄비나 그 밖의 부엌에서 사용하는 물건들을 꺼내 놓을 때는 어떤 대화를 하며 아이를 가르칠 수 있을까요?

아이는 지금 일종의 탐험을 하고 있는 것입니다. 이럴 때는 아이의 호기심을 어느 정도 만족시켜 주는 것이 좋습니다. 그리고 아이와 함께 냄비에 대해서, 조리에 대해서, 바가지에 대해서 이야기할 수도 있겠지요. 대개 이런 행동을 하는 아이들은 나이가 아주 어리기 때문에 어려운 설명보다는 "이 바가지는 사과를 씻는 거란다. 엄마가 사과 씻어 줄까?" 하고 말하는 정도로 충분할 수 있습니다. 이런 저런 물건들의 이름을 가르쳐 준 후에 아이에게 정리하는 것도 가르쳐 주어야겠지요. 꺼내 놓은 물건은 반드시 정리해 놓도록 한 후에 잊지 말고 칭찬해 주세요.

온 세상은 아이들의 배움터입니다. 그리고 그 세상은 하나님이 만드신 피조물입니다. 아이들이 주변의 사물들과 자연의 만물들을 만지고 보며 하나님이 만드신 세상을 배우고, 그것을 만드신 하나님을 생각하게 하는 부모는 가장 훌륭한 교사입니다.

묵상

여호수아 4장 4~7절을 읽으세요.

"여호수아가 이스라엘 자손 중에서 매 지파에 한 사람씩 예비한 그 열두 사람을 불러서 그들에게 이르되 요단 가운데 너희 하나님 여호와의 궤 앞으로 들어가서 이스라엘 자손들의 지파 수대로 각기 돌 한 개씩 취하여 어깨에 메라 이것이 너희 중에 표징이 되리라 후일에 너희 자손이 물어 가로되 이 돌들은 무슨 뜻이뇨 하거든 그들에게 이르기를 요단 물이 여호와의 언약궤 앞에서 끊어졌었나니 곧 언약궤가 요단을 건널 때에 요단 물이 끊어졌으므로 이 돌들이 이스라엘 자손에게 영영한 기념이 되리라 하라"(수 4:4~7)

본문은 자녀를 양육하는 문제에 대해 어떤 교훈을 줍니까?

적용

1. 본 과를 통해 새롭게 깨달은 점은 무엇입니까?

2. 본 과를 공부한 후 당신이 적용할 수 있는 일은 어떤 것들입니까?

제3과

칭찬과 격려

이야기 1

올해 다섯 살이 된 진형이는 생일에 삼촌에게서 레고 블록을 선물로 받았다. 그래서 진형이는 요즘 틈만 나면 레고 블록을 가지고 논다. 어제는 하도 오랫동안 방에서 나오지 않아서 가보았더니 블록을 온 방 안에 늘어놓고는 자기가 만든 블록 자동차를 가지고 놀고 있었다. 그런데 만들어 가지고 노는 블록 자동차는 자동차로 보기에는 곤란할 정도로 자동차와 닮지 않은 것이었다.

이야기 2

승훈이 엄마는 승훈이가 네 살이 되자 선교원에 보내기 시작했디. 조금은 이른 감이 있지만 조기 교육에 뒤지면 안 될 것 같아서 보내게 된 것이다. 한 살이 많은 옆 집 진주는 작년부터 선교원에 다녔는데 노래도 잘 하고 그림도 꽤 잘 그린다. 어느 날 선교원에서 돌아 온 승훈이는 자랑스럽게 손에 들고 있는 그림을 펴 보였다. 그런데 승훈이 엄마가 보기에는 도대체 무슨 그림인지 알아 볼 수가 없었다.

물음 및 점검

물음 1

진형이가 당신의 자녀라면 이럴 때 당신은 어떻게 합니까?

물음 2

이야기 2를 읽고 승훈이 엄마가 어떤 반응을 했을지 이야기해 보세요.

물음 3

자녀를 양육하면서 위의 이야기들과 비슷한 경험을 한 적이 있으면 적어 보세요.

자녀들에게 있어서 부모의 말은 한 마디 한 마디가 중요한 역할을 합니다. 그것은 그만큼 부모가 자녀에게 중요한 존재이기 때문입니다. 부모뿐 아니라 우리는 다른 사람들이 하는 말에 의해 영향을 받지 않을 수 없습니다. 어떤 말은 우리를 격려하지만 어떤 말은 우리를 좌절하게 합니다. 다른 사람을 격려하기 위해서는 그 사람을 진심으로 사랑하는 마음이 있어야 합니다. 그러므로 부모는 자녀를 격려할 수 있는 가장 우선적인 사람입니다. 하지만 많은 부모들이 자녀를 격려하지 못하는 이유는 욕심이 앞서기 때문입니다. 아이가 부모의 기대 수준에 따르지 못할 때 부모들은 종종 아이를 낙심시키는 말을 합니다. 아이가 긍정적인 자아상을 가지고 자라기 위해서는 아이가 해낸 일들을 인정해 주는 부모의 인내가 필요합니다.

긍정적인 자아상이란 자기 자신을 긍정적으로 생각하는 마음을 말하는 용어로써 어떤 사람이 성인이 되어 건강한 삶을 이끌어 나갈 수 있기 위해 절대적으로 필요한 것입니다. 자기 자신이나 혹은 자신이 이루어 놓은 일에 대해 긍정적으로 평가해 주는 말을 듣지 못하고 자라면 자기 자신조차도 스스로를 인정하지 못하게 됩니다. 자아상의 문제는 겸손이나 교만과는 다른 문제입니다. 긍정적인 자아상을 가지도록 해야 하는 이유는 그것이 자신의 생명과 삶이 소중한 것이라는 점을 깨닫는 데 중요한 역할을 하여 어떤 일을 할 때 희망을 가지고 노력하도록 이끌어 주는 힘이 되기 때문입니다. 그것은 "나는 대단한 사람이야. 남보다 무엇이든지 더 잘할 수 있어"라고 말하는 마음이 아니라 "나의 생명은 귀중한 것이야. 나의 삶은 나에게뿐 아니라 하나님과 부모님과 그 밖에 나를 사랑하는 다른 많은 사람들에게도 귀중한 것이야. 내가 열심히 노력하면 여러 가지 일들을 해낼 수 있고 인생을 보람 있게 살 수 있어"라고 말하는 마음입니다. 물론 그런 마음이 구체화 되는 것은 훨씬 후의 일이지만 그 기초가 유아기에 형성되는 것입니다.

물음 4

당신은 자녀에게 칭찬을 많이 하는 편입니까, 아니면 잘못된 점에 대해 지적을 많이 하는 편입니까?

물음 5

당신은 어떤 때 자녀를 칭찬합니까?

물음 6

당신은 혹시 분별력 없이 아무 때나 지나치게 칭찬하는 편은 아닌가요? 칭찬할 때 주의할 점이 있다면 무엇일까요?

칭찬은 아이를 격려하기 위한 것입니다. 그런데 칭찬할 때는 될 수 있는 대로 아이가 한 행동에 초점을 두고 칭찬하는 것이 좋습니다. "넌 정말 굉장하구나"라고 말하는 것보다는 "정말 잘 했다" 혹은 "아주 훌륭하게 만들었구나" 등의 표현을 쓰는 것이 바람직하다는 말입니다. 전자의 경우처럼 말하면 아이가 자신을 과대평가하게 하는 원인으로 작용할 수 있는 반면, 후자의 경우들처럼 말하면 어떤 일을 해낸 노력이나 마음 자세 등이 더 귀중하게 여겨지기 때문입니다.

또 칭찬이 필요하다고 해서 아이들이 한 일을 무조건 칭찬해야 한다는 강박관념을 가질 필요는 없습니다. 정말로 필요한 것은 관심과 사랑과 이해라는 사실을 잊지 마십시오. 앞의 이야기 1에서처럼 아이가 만든 블록 장난감이 엄마가 보기에 그럴 듯하지 않을 때에는 "야, 우리 진형이 정말 재미있겠다"라고 말하며 아이와 함께 즐거워해 주기만 해도 됩니다. 혹시 아이가 자기가 만든 장난감에 대해 설명을 하면 "음, 그래? 그런데 이 자동차에 몇 사람 탈 수 있어?" 하고 아이의 설명을 인정해 주면서 아이의 상상력을 키워 주는 질문을 하는 것도 좋겠지요. 이야기2의 승훈이처럼 아이가 자신의 작품을 자랑스럽게 생각할 때에는 "야, 이거 우리 승훈이가 그린 거야? 어디 엄마한테 무슨 그림인지 설명해 줄래?" 하고 말하여 아이의 설명을 듣고, 듣고 난 후에는 "정말 그럴 듯하구나. 우리 이 그림 여기에다 붙여 주자" 하고 아이와 함께 그림을 붙인다면 아이는 엄마의 관심과 인정을 느끼며 마음 뿌듯해할 것입니다. 이 시기의 아이들에게는 어느 부분을 얼마나 정확하게 표현하느냐 하는 것은 그렇게 중요한 것이 아닙니다. 그보다는 자기를 표현하는 데 대한 자신감과 용기를 불어넣어 주는 것이 중요합니다.

묵상

고린도전서 13장 4~7절을 읽으세요.

"사랑은 오래 참고 사랑은 온유하며 투기하는 자가 되지 아니하며 사랑은 자랑하지 아니하며 교만하지 아니하며 무례히 행치 아니하며 자기의 유익을 구치 아니하며 성내지 아니하며 악한 것을 생각지 아니하며 불의를 기뻐하지 아니하며 진리와 함께 기뻐하고 모든 것을 참으며 모든 것을 바라며 모든 것을 견디느니라"(고전 13:4~7)

본문은 자녀를 양육하는 문제에 대해 어떤 교훈을 줍니까?

적용

1. 본 과를 통해 새롭게 깨달은 점은 무엇입니까?

2. 본 과를 공부한 후 당신이 적용할 수 있는 일은 어떤 것들입니까?

제4과

"엄마, 책 읽어 주세요"

이야기

"저희 집에는 유치원에 다니는 여섯 살짜리 딸과 두 살짜리 아들이 있습니다. 딸아이는 유치원에 다녀오기만 하면 제 뒤를 졸졸 따라다니며 책을 읽어 달라고 합니다. 한창 천방지축 돌아다니며 일을 만드는 아들을 쫓아다니느라고 저녁이 되면 녹초가 되는데 딸아이는 잠자는 시간에까지 책을 들고 와서 귀찮게 굽니다. 낮에도 여러 번 읽어 준 책인데 또 읽어 달라는 거예요. 어떤 때는 짜증도 나고 해서 억지로 책을 읽어 주다가 나도 모르게 잠이 들기도 합니다."

물음 및 점검

물음 1

당신도 위의 이야기의 엄마와 비슷한 경험이 있습니까? 기운이 없고 지쳤을 때 아이가 자꾸 책을 읽어 달라고 하면 당신은 어떻게 합니까?

자라는 아이들은 부모의 사랑을 먹으며 자랍니다. 자기가 낳은 자녀를 사랑하는 것은 당연한 일이지만 중요한 것은 아이가 부모의 사랑을 느끼며 자라는가 하는 것입니다. 아이들에게 신체적 접촉이 중요한 이유는 그것을 통해 부모의 사랑을 느낄 수 있기 때문입니다. 아이들은 다정한 엄마의 목소리를 통해서도 사랑을 느낍니다. 엄마 옆에 혹은 무릎에 앉아서 책을 읽어 주는 엄마의 목소리를 듣는 것은 아이에게 무한한 행복감을 줍니다. 이 시기의 아이들이 엄마에게 책을 읽어 달라고 하는 것은 책에 나와 있는 내용을 몰라서가 아니라 엄마 옆에서 엄마의 목소리를 듣고 싶기 때문입니다. 그러니까 똑같은 책을 하루에도 몇 번이고 읽어 달라는 것입니다. 어떤 아이들은 글자를 모르는데도 불구하고 엄마가 잘못 읽으면 틀린 부분까지 지적할 정도니 책을 읽어 달라고 쫓아다니는 아이의 진심이 어디에 있는지 알 수 있지요.

그러므로 할 수 없이 읽어 주거나 귀찮은 듯이 짜증을 부리며 읽어 준다면 아이에게 사랑을 느끼게 하는 데에는 아무런 효험이 없다고 할 수 있습니다. 매번 책을 읽어 주는 것은 정말 힘든 일이지만 아이들은 엄마의 인내로 행복을 키워간다는 사실을 기억해야 합니다. 정 힘이 들거나 다른 일로 읽어 줄 수 없을 때는 아이에게 설명을 하고 나중에 읽어 주면 됩니다. “얘, 엄마가 지금은 너무나 피곤해서 조금 쉬어야겠다. 30분만 쉬고 나서 읽어 줄게. 그래야 엄마도 졸리지 않을 테니까 더 재미있게 읽어 줄 수 있겠지?” 혹은 “지금은 엄마가 저녁 준비하느라고 바쁘니까 저녁 먹고 나서 설거지하고 읽어 줄게. 그동안 우리 성은이는 뭘 하면 좋을까?” 하는 말이면 됩니다. 그러나 읽어 주기 싫어서 핑계를 대는 말일 때는 아이가 금방 눈치를 채지요. 그렇게 되면 정말 읽어 줄 수 없는 사정일 때도 엄마를 믿지 못하고 계속 치근덕거릴 것입니다. 아이는 엄마가 정말 자기를 사랑하는지 시험하고 있는 거지요.

물음 2

요즘 당신의 자녀가 좋아하는 책은 어떤 것들입니까?

물음 3

당신이 책을 읽어 줄 때 아이는 어떤 반응을 합니까?

이런 기회에 아이에게 "엄마, 고맙습니다" 하고 말하는 예의를 가르치는 것도 좋겠지요. 감사를 표현하는 것도 어려서부터 훈련하지 않으면, 감사를 모르는 아이가 되거나 감사한 마음이 있어도 표현할 줄 모르는 아이가 될 것입니다.

물음 4

자녀가 "엄마, 저랑 놀아 주세요" 하고 조를 때 어떻게 해야 합니까?

유아기 아이들은 생활 전체가 놀이라고도 할 수 있습니다. 이 시기의

아이들은 놀이를 통해 새로운 것을 배우기도 하고, 도구나 기계의 원리를 깨닫기도 하고, 사회성이 발달되기도 합니다. 엄마를 조르지 않고 혼자서 혹은 또래의 친구들과 잘 노는 아이는 대체로 신체적으로도 건강하고 마음도 밝고 불만이 없이 자라는 아이입니다. 스스로 친구들과 놀 수 있을 만큼 성장했는데도 엄마를 따라다니면서 치근덕거리는 아이는 무엇인가 충족되지 못해서 그런 것입니다. 대부분 이런 아이들은 건강에 문제가 있거나 엄마가 너무 바빠서 아이의 욕구를 충분히 채워 주지 못한 경우입니다. 그러니까 아이가 놀아 달라고 조를 때는 일단 일손을 멈추고 아이의 정서적 필요를 채워 주는 것이 좋습니다. 물론 항상 그럴 수는 없을 것입니다. 어떤 경우에는 항상 엄마 곁을 떠나지 않으려고 하거나 엄마를 독점하려고 하는 잘못된 습관을 고쳐 주어야 할 필요도 있습니다. 그러나 때때로 아이와 함께 놀아 주는 것은 아이의 마음에 행복감을 심어 주는 좋은 방법입니다. 아이에게 이끌려서, 아이가 조르니까 마지못해 놀아 주는 것이 아니라 아이의 건강한 발달과 행복감을 위해 아이와의 놀이를 계획하는 부모가 현명한 부모입니다.

물음 5

당신은 자녀와 충분한 시간을 같이 지냅니까? 아니면 직장 일이나 다른 집안 일 때문에 엄마의 사랑을 흠뻑 받아야 할 유아기 자녀의 욕구가 충족되지 못하고 있습니까?

물음 6

최근에 아이와 함께 놀이를 한 경험을 기억해 보세요. 어떤 놀이를 했습니까?

놀이의 종류는 상황에 따라, 아이의 연령에 따라 얼마든지 다양합니다. 놀이는 이기고 지는 시합 형식을 띠어도 되고 함께 하는 활동이어도 됩니다. 실내에서는 아이가 장난감을 가지고 놀 때 옆에서 약간만 거들어도 되며 색종이 접기, 오리기, 공 굴리고 받기 등이 가능합니다. 실외에서는 숨바꼭질이나, 달리기, 줄넘기 등을 할 수 있습니다. 체조는 어디에서나 할 수 있는 좋은 놀이입니다. 반드시 형식에 얽매일 필요는 없습니다. 누워서 자전거 타는 흉내를 낸다든지 동물들의 흉내를 내며 노는 것도 얼마든지 훌륭한 놀이입니다. 가끔 혹은 규칙적으로 산책을 하는 것도 아이와 함께 즐거운 시간을 보내는 좋은 방법입니다. 아이를 위해 자기 시간의 일부를 떼어 놀아 주기 위해서는 부지런해야 합니다.

물음 7

놀아 달라는 아이의 요구를 들어 줄 수 없는 경우에는 어떻게 합니까?

평소에 즐거운 마음으로 엄마나 아빠와 함께 노는 시간을 가지는 아이들은 부모가 부득이한 사정이 있거나 피곤해서 놀아 줄 수 없을 때 물음1의 책을 읽어 달라고 하는 경우와 마찬가지로 차분히 설명해 주면 부모의 사정을 쉽게 이해하고 받아들입니다. 문제가 해결되면 적절한 때에 자기와 함께 놀아 주리라는 데 대해 부모를 신뢰하기 때문입니다.

아이와 놀아 줄 형편이 못된다고 하여 그 시간을 비디오나 텔레비전에 맡기는 것이 상습화되면 안 됩니다. 비디오나 텔레비전은 교육적으로 가치 있는 것을 선택하여 시청하도록 하되 아무리 좋은 것이라도 너무 오랜 시간 시청하는 것은 삼가야 합니다. 적극적 사고나 활동을 하지 않고 수동적으로 앉아 있는 습관이 형성되기 때문입니다. 많은 엄마들이 아이가 아주 어릴 때는 보행기에 아이를 가두고 어느 정도 자라서 텔레비전 화면에 집중할 수 있게 되면 텔레비전 화면에 아이를 가두어 놓고 엄마의 일을 하는데 그것은 잘못된 것입니다. 그런 식으로 아이를 내버려 둔 엄마들은 얼마 지나지 않아서 그 대가를 치르게 될 것입니다.

묵상

잠언 13장 4절과 29장 17절을 읽으세요.

"게으른 자는 마음으로 원하여도 얻지 못하나 부지런한 자의 마음은 풍족함을 얻느니라"(잠 13:4)

"네 자식을 징계하라 그리하면 그가 너를 평안하게 하겠고 또 네 마음에 기쁨을 주리라"(잠 29:17)

본문은 자녀를 양육하는 문제에 대해 어떤 교훈을 줍니까?

적용

1. 본 과를 통해 새롭게 깨달은 점은 무엇입니까?

2. 본 과를 공부한 후 당신이 적용할 수 있는 일은 어떤 것들입니까?

제5과

망태 할아버지

이야기

올해 네 살인 상규는 오후에 텔레비전을 보다가 잠이 들었습니다. 엄마는 곤하게 자는 아이를 깨우고 싶지 않아서 저녁식사 때도 그대로 두었습니다. 그러다가 밤에 다른 사람들이 잘 준비를 하는 시간에 잠이 깼는데 꿈을 꾸다가 깼는지 엉엉 울기 시작했습니다. 아무리 달래도 좀처럼 그치지 않자 상규 엄마는 소리를 질렀습니다. “망태 할아버지! 이 아이 좀 잡아 가세요!”

물음 및 점검

물음 1

당신도 아이에게 망태 할아버지, 혹은 그와 비슷한 말을 들먹인 적이 있습니까? 어떤 때 그렇게 합니까?

물음 2

망태 할아버지 이야기는 어떤 효과가 있었습니까?

예로부터 우리나라의 어린이들은 '망태 할아버지' 이야기를 들으며 자랐습니다. 말을 안 듣거나 까닭 없이 울어대는 아이에게 어른들은 "망태 할아버지가 잡아간다"고 말하여 울고 떼쓰는 일을 중지시켰습니다.

아이에게 망태 할아버지 이야기를 하면 단기적인 효과를 보기는 하겠지만 아이들은 두려움을 갖게 됩니다. 아이들이 자라면서 느끼는 감정 중에 두려움은 전혀 불필요한 것임을 기억하십시오. 물론 자라는 과정에서 두려움이 전혀 없을 수는 없지만, 아이를 위협하여 인위적으로 두려움을 조장하는 것은 어리석은 일입니다. 성장기 아이가 안정감을 가지고 자라는 것은 안정된 정서를 지닌 성인이 되는 데 매우 중요합니다. 망태 할아버지 이야기의 부정적인 효과는 이뿐이 아닙니다. 아이가 자라서 망태 할아버지의 정체를 알게 되었을 때 아이들은 은연중에 부모가 하는 말의 신빙성에 대해 의심하게 될 것입니다. 망태 할아버지 이야기는 다만 아이에게 들려주는 재미있는 옛날이야기로 접어 두고 망태 할아버지를 대신할 수 있는 좋은 방안을 생각해 봅시다.

물음 3

특별한 까닭 없이 고집을 부리며 우는 아이는 어떻게 다루어야 할까요?

아주 어린 아이들은 울음이 의사 표현의 수단입니다. 배가 고파도 울고 기저귀가 젖어도 웁니다. 울음을 통해 도움이 필요하다는 사실을 알리는 것입니다. 그러다가 말을 하기 시작하면 울음 대신 말로 의사를 표현합니다. 때로는 말로는 아직 자신의 필요나 감정 상태를 정확하게 표현하지 못하기 때문에 일종의 표현 욕구불만으로 울기도 합니다. 그러나 우리 주변에는 종종 말을 할 수 있는 나이가 되어도 문제가 발생하면 울음을 주된 해결수단으로 사용하는 아이들을 볼 수 있는데, 이것은 잘못된 것이므로 바로 잡아 주어야 합니다. 표현을 하지 못할 때 답답한 마음 때문에 우는 것이라는 점을 이해할 수는 있지만, 그렇다고 해서 바로 잡지 않고 그대로 두어서는 안 됩니다. 부모는 아이로 하여금 어떻게 해서든지 자신의 의사나 감정을 표현하려고 노력하는 것을 가르쳐야 합니다.

이렇게 울음으로 문제를 해결하려고 하는 아이들은 대체로 부모 편에서 잘못된 방법을 먼저 취했기 때문인 경우가 많습니다. 즉 아이가 자신의 문제를 말하기도 전에 먼저 지나치게 돌봐 주거나 혹은 그와 반대로 아이가 울기 전에는 좀처럼 아이가 말하는 것에 심각하게 귀를 기울이려고 하지 않는 경우입니다. 그러므로 부모는 평소에 아이의 말이나 감정에 관심을 가지고 귀를 기울이면서도 아이가 자신의 의사를 말로 분명하게 표현하도록 기다리는 여유가 필요합니다.

어떤 아이는 천성적인 성격상 자기 마음대로 되지 않는 것을 고집할 때 악을 쓰며 우는 경우도 있습니다. 이럴 때 아이의 요구를 들어주면 아이를 망치게 됩니다. 의사를 분명하게 표현하지 않고 우는 아이도 마찬가지인데 이 경우 아이는 누군가가 자기의 울음을 들어주기를 바라는 것입니다. 그러므로 옆에서 우는 것을 보는 사람이 없거나 누군가 자기 울음소리를 듣지 않는다고 생각하면 울 이유가 없어지는 것이므로 자연히 울음을 그치게 됩니다. 그래서 아이가 고집을 부리기 위해 혹은 관심을 끌기 위해 우는 것이라고 판단될 때는 그냥 내버려 두거나 아이가 보이지 않는 곳으로 자리를 피하는 것이 좋습니다. 그러면 아이는 울어 봐야 소용이 없다는 것을 깨닫고 울음을 그치면서 엄마를 찾습니다. 그때 아이의 의사가 무엇인지 말로 표현하도록 격려해야 합니다. 대부분의 아이들은 영리하기 때문에 울어도 소용이 없다는 것을 알면 울음 대신 다른 방법을 찾을 것입니다. 만에 하나 울음 대신 파괴적인 방법을 사용한다면 아주 엄하게 다스려야 하고, 엄마의 바람대로 말로 의사를 표현하게 되면 크게 칭찬해 주어서 말로 의사를 표현하는 태도를 격려하고 그런 바른 습관을 길러 주어야 합니다.

물음 4

벽에다 낙서하는 아이는 어떤 말로 지도해야 할까요?

아이들이 부모가 원치 않는 행동을 할 때, 아이에게 공포감을 주어 그만두게 하거나 큰 소리로 야단부터 치는 것은 삼가야 합니다. 일단 아이가 하는 행동이 왜 좋지 않은가를 설명하고 다시는 그런 일이 없도록 다짐하는 것이 순서입니다. 벽이나 책에 낙서를 하는 경우는 종이를 주어 그리게 하는 등의 대체 방안을 생각해 내는 것이 좋습니다. 그래도 계속적으로 말을 듣지 않을 때는 벌을 세워서라도 부모에게 순종해야 한다는 사실을 가르쳐야 합니다.

물음 5

시장이나 백화점에서 자기가 원하는 물건을 사달라고 떼를 쓰며 우는 아이를 어떻게 달래야 할까요?

이런 경우에 그저 "그래그래, 엄마가 이담에 사줄게"라고 말하며 그 상황을 피하기 위한 말을 하는 것은 옳지 않습니다. 어떤 경우에라도 부모는 아이가 선한 성품과 습관을 가지도록 양육해야 한다는 사실을 기억해야 합니다. 그리고 그런 것들은 대부분 부모의 모범에 의해 배우는 것입니다. 애초부터 지킬 의도가 없는 말이나 약속은 아이에게 하지 말아야 합니다. 부모가 말에 대한 신뢰를 잃게 되면 아이를 바르게 양육할 수 없습니다. 아이가 고집을 부리며 울 때는 언제나 일관성 있게 울음이나 고집으로 문제가 해결되는 것이 아니라는 것을 엄하게 가르쳐야 하며, 아이에게 장난감이나 그 밖에 아이가 원하는 물건을 사주는 데에는 일정한 원칙을 가지는 것이 필요합니다.

물음 6

당신이 아이의 요구를 들어주거나 거절하는 기준은 무엇입니까?

아이의 요구를 무조건 들어주는 것은 아이를 망치는 행위입니다. 부모의 기준과 계획에 맞는 것일 때 아이가 원하는 것을 받아들여 줄 수 있는 것이지요. 그렇다고 해서 화를 내는 것 역시 바른 지도 자세가 아닙니다. 아이가 어리더라도 아이와 대화할 수 있습니다. 아이의 요구를 당장 들어줄 수 없는 이유와 장난감 구입 및 선정에 대한 계획을 침착하게 설명하는 것이 필요합니다. 그리고 설명한 내용은 단호하게 지켜야 합니다. "아휴, 우리 아이는 안 돼요. 한번 고집을 부리면 꺾을 재주가 있어야지요"하고 말하는 사람은 스스로 아이의 고집을 키우고 있다는 사실을 깨달아야 합니다.

묵상

사무엘상 3장 13절을 읽으세요.

"내가 그 집을 영영토록 심판하겠다고 그에게 이른 것은 그의 아는 죄악을 인함이니 이는 그가 자기 아들들이 저주를 자청하되 금하지 아니하였음이니라"(삼상 3:13)

본문은 자녀를 양육하는 문제에 대해 어떤 교훈을 줍니까?

적용

1. 본 과를 통해 새롭게 깨달은 점은 무엇입니까?

2. 본 과를 공부한 후 당신이 적용할 수 있는 일은 어떤 것들입니까?

제6과 순종하는 아이

이야기

예진이네 부모는 맞벌이를 한다. 그래서 예진이는 아침에 유치원에 갔다가 돌아오는 길로 놀이방에 가서 엄마가 퇴근길에 데리러 올 때까지 그곳에서 시간을 보낸다. 예진이가 다니는 놀이방은 예진이네처럼 맞벌이하는 가정의 아이들을 돌보아 주는 곳인데 시설이 잘 되어 있고 보모들도 충분히 확보되어 있는 믿을 만하다.

어느 날 예진이 엄마는 한 보모에게서 다음과 같은 말을 들었다. "예진이는 어떤 경우에도 일을 곧바로 하는 일이 없어요. 항상 '조금 있다가요' 하고 말하지요. 그림 그리는 시간이라고 말해도 '조금 있다가요' 하고, 장난감을 치우자고 해도 '조금 있다가요' 하고 말한답니다. 그래서 예진이한테는 한 번 말해서 되는 일이 없어요."

물음 및 점검

물음 1

위의 이야기를 읽고 예진이에 대해 어떤 점을 추측할 수 있습니까?

물음 2

당신의 자녀가 엄마나 아빠의 말이나 행동을 그대로 따라 하는 것을 본 일이 있습니까? 어떤 것들을 따라했습니까?

아이들의 어떤 특이한 말이나 행동을 하는 것은 누군가에게로부터 그것을 배웠거나 그런 말 또는 행동이 나올 만한 배경이 있기 마련입니다. 자녀들이 부르거나 무슨 일인가를 부탁할 때 곧바로 응해 주었습니까? 혹시 "조금 있다가"라고 말하거나 "나중에 해 줄게"라고 대답하지는 않았는지 반성해 봅시다. 많은 엄마들이 자녀들의 부탁에 대해 "조금 있다가" 혹은 "나중에 해 줄게"하고 대답하고는 그렇게 말한 사실조차 잊어버리곤 합니다. 이런 일들이 반복되는 동안 아이의 마음은 상처의 흔적들이 진해져서 부모의 말을 신뢰하지 않게 됩니다. 뿐만 아니라 부모나 다른 웃어른들이 하는 말을 귀담아 듣지 않거나 들어도 곧바로 순종하지 않고 부모에게 들은 대로 "조금 있다가요"라고 반응할 뿐 움직이려고 하지 않는 것입니다. 자신도 모르게 부모의 말과 행동이 몸에 배게 된 것이지요. 이런 행동들은 부모의 경우나 아이의 경우나 모두 의도적인 것은 아니지만 무심히 습관적인 잘못을 하는 하나의 예입니다. 고의적인 것이 아니더라도 이런 식으로 습관이 형성되면 결국 불순종이 몸에 배는 것입니다. 그러므로 자녀를 양육하는 부모는 자신의 말과 행동을 늘 조심해야 합니다.

물음 3

당신의 자녀는 즉각적으로 순종하는 편입니까?

아이들에게 즉각적으로 순종하는 것을 가르치는 것은 매우 중요합니다. 어른이 말씀하실 때 바로 순종하지 않는다면 불순종의 씨를 키우는 것입니다. 아이들에게 "이를 닦고 오너라"하고 말했으면 곧 씻고 오도록 지도해야 합니다. 아이가 그 말을 듣고도 이를 닦으러 가지 않는데 그렇게 말한 엄마조차 별로 상관하지 않는다면 아이는 엄마가 하는 말을 무시하는 습관을 갖게 될 것입니다. 아이가 엄마의 말을 존중하고 순종하는 태도는 엄미에게 달렸습니다.

물음 4

자녀가 즉각적으로 순종하지 않을 때는 어떻게 하는 것이 좋을까요?

아이들에게 가르쳐야 할 것은 '즉각적 순종' 입니다. 아이가 순종하기를 미루거나 거부하는 것을 그대로 간과하면 안 됩니다. 아이의 주위를 환기시켜 엄마가 자기의 대답이나 행동을 기다리고 있다고 알려 주어서라도 부모에게 귀를 기울여 순종하도록 훈련시켜야 합니다. 그러나 옷을 갈아

입고 있는 아이에게 즉각적으로 장난감을 치우라고 호통을 치는 것은 잘못입니다. 아이가 옷을 갈아입고 있는데 장난감 정리를 하라고 말할 때에는 "옷을 갈아입고 나서 장난감 정리해라"라고 말해야 합니다.

물음 5

당신이 자녀에게 심부름을 시켰을 때 당신의 자녀가 "싫어요" 하고 대답한다면 당신은 주로 어떻게 반응합니까?

자녀가 의도적인 불순종의 표시로 싫다고 말할 때는 따끔하게 다스려야 합니다. 자녀를 양육하면서 유일하게 따끔한 체벌이 필요한 때가 있다면 바로 이런 때입니다. 그러나 이런 때라도 아이를 체벌하는 데에는 일정한 규칙에 따라 일관성 있게 해야 합니다. 그리고 간혹 아이가 싫다고 말할 만한 이유가 있는 경우도 있으니 무작정 벌하려고만 해서는 안 되겠지요.

또한 부모가 애원하듯이 순종을 구걸해서는 안 됩니다. 순종은 가르쳐야 하는 것이지 구걸하는 것이 아닙니다. 또는 아이가 순종을 거부할 때 용돈을 미끼로 설득하는 방식을 쓰는 것도 안 됩니다.

물음 6

아이가 심부름을 하고 나면 당신은 아이에게 어떤 보상을 해줍니까?

즐거운 일은 자꾸 하게 마련입니다. 아이가 당신의 말에 바로 순종했거나 심부름을 했다면 곧바로 "참 잘 했다" "네가 이렇게 정리를 해 놓으니 방안이 정말 보기 좋구나" "고마워" 등의 말을 하면서 칭찬해 주면 좋습니다. 안아 주기도 하고 뽀뽀를 해주는 것도 좋습니다. 가끔은 "우리 지연이가 요새 엄마 말씀에 순종을 잘 해서 엄마가 오늘 특별 요리를 하려고 한단다"라고 말하며 아이가 좋아하는 음식을 만들어 주거나 깜짝 선물 같은 것을 준비한다면 엄마에게 순종한 아이의 마음이 정말 행복하겠지요?

묵상

잠언 22장 6절을 읽으세요.

"마땅히 행할 길을 아이에게 가르치라. 그러하면 늙어도 그것을 떠나지 아니하리라"(잠 22:6)

본문은 자녀를 양육하는 문제에 대해 어떤 교훈을 줍니까?

적용

1. 본 과를 통해 새롭게 깨달은 점은 무엇입니까?

2. 본 과를 공부한 후 당신이 적용할 수 있는 일은 어떤 것들입니까?

제7과 “내꺼야, 안 돼!”

이야기

동호는 자기 물건에 대한 애착이 유난히도 강하다. 다른 아이들이 자기 물건에 손대는 것을 참지 못한다. ‘혼자서 커서 그런가?’ 라고 생각한 동호 엄마는 아이가 네 살이 되자 근처 선교원에 보냈다. 다른 아이들과 어울리는 것을 가르치기 위해서이다. 그런데 선교원에 간 첫날 동호는 자기가 가지고 놀던 장난감을 만진 다른 아이 손을 깨물었다.

물음 및 점검

물음 1

어떤 아이가 유난히 자기 물건을 다른 아이가 만지는 것을 싫어한다면 어떤 이유 때문일까요?

소유욕은 인간의 자연스러운 욕구입니다. 이 말은 소유욕은 누구에게나 있는 마음이라는 뜻입니다. 사람들 중에는 독점적 소유욕이 다른 사람에 비해 특별히 강한 사람도 있지만 보통의 경우에 소유욕은 다른 사람으로부터 자신의 것을 보호하려는 형태로 나타납니다. 그러므로 자녀를 원만한 대인 관계 안에서 서로 도우며 자기의 것을 다른 사람과 나눌 줄 아는 사람으로 키우고 싶다면 어려서부터 잘 훈련해야 합니다.

일반적으로 다른 사람에 대해 피해의식이 있는 아이들은 다른 아이들이 자기 물건을 만지는 것을 용납하지 못합니다. 아이들이 가지는 피해의식은 주로 사랑을 빼앗기는 데에 대한 것입니다. 혼자 흠뻑 사랑을 받으며 자라다가 동생이 태어나서 그 사랑이 나누인 경우가 가장 대표적인 예가 될 수 있습니다. 또는 자기가 아끼는 물건이 없어진 경험 때문에 이 부분에 대해 지나치게 민감하게 된 경우도 있을 것입니다. 그러므로 아이에게 자기의 물건이어도 다른 사람과 함께 사용해야 할 때가 있다는 것을 가르치기 위해서는 그렇게 해야 서로 돕고 사는 착한 사람이라고 격려해 주어야 하며 또한 아이 마음에 있는 염려와 상처를 해결해 주어야 합니다.

이런 아이들은 심하게 꾸중하는 것으로 문제가 해결되지 않습니다. 문제가 발생한 곳이 자기 집이라면 엄마가 옆에서 아이와 함께 놀아 줌으로써 엄마의 권위가 다른 아이들로부터 자기 물건을 지켜 줄 것이라는 생각을 가지게 하여 안심시키는 것도 하나의 방법이 될 수 있습니다. 그러나 항상 그런 방법을 사용하는 것은 그다지 바람직하지 못합니다. 아이 혼자서도 다른 아이들과 신뢰심을 가지고 지낼 수 있도록 하는 것이 대인 관계 훈련의 목표가 되어야 합니다. 이를 위해서 아이를 데리고 또래의 아이들이 있는 이웃집에 가서 그 집 아이의 장난감을 함께 가지고 놀도록 하는 것도 좋은 방법이 될 수 있습니다. 자기도 친구 물건을 가지고 놀다가 놓고 온 것처럼 다른 아이들도 그럴 것이라는 사실을 은연중에 배우게 될 것이며, 자기랑 장난감을 함께 가지고 노는 다른 아이를 칭찬하는 엄마를 보면서 자기도 장난감을 친구들과 함께 가지고 놀면 엄마의 칭찬과 사랑을 받을 것이라는 기대를 하게 될 것입니다. 그러다가 친구와 함께 노는 것이 혼자 노는 것보다 더 즐겁다는 것을 알게 되면 자연히 문제는 해결될 것입니다.

물음 2

당신의 자녀가 동호와 비슷한 경우라면 어떻게 대처하겠습니까?

이런 점에 문제가 있는 아이라면 가정에서 먼저 지도하여 문제가 해결된 후에 공공 교육기관에 보내야 마땅합니다. 자기 물건에 대한 소유욕이 지나쳐서 다른 아이를 해치는 일은 결코 그대로 지나쳐서는 안 됩니다. 아이가 그런 행동을 하는 이유를 충분히 이해한다고 해서 그대로 두면 습관이 되기 때문입니다.

동호의 사례는 문제가 복합적이 된 경우에 해당합니다. 자기 물건을 다른 아이와 함께 사용하지 않으려고 하는 문제와 그것 때문에 다른 아이에게 물리적인 상해를 입힌 문제입니다. 두 가지 다 적절한 지도를 필요로 하는 문제입니다. 일단 이 같은 문제가 발생하면 그 문제를 그대로 지나칠 수 없다는 사실에 대해서 부모가 단호한 태도를 취해야만 합니다. 그런 행동이 처음이라 하더라도 일단 다른 사람에게 물리적인 상해를 입히면 안 된다는 사실을 가르치면서 따끔하게 적절한 징계를 해야 합니다. 그러고 나서 자기 물건을 가지고 다른 아이들과 함께 사이좋게 놀지 않을 경우에는 어떤 벌을 받게 될 것이라고 분명하게 말해 주어야 합니다. 예를 들면 그 장난감을 자기도 아예 가지고 놀지 못하게 될 것이라고 정하는 것입니다. 그래서 장난감을 치워 두었다가 아이가 그것을 가지고 놀고 싶어 할 때 분명하게 다짐을 하고 친구와 함께 놀도록 한다면 효과를 볼 수 있을 겁니다.

선교원이나 유아원 등 공공 교육기관에 아이를 보냈다가 그런 일이 발생했다면 아이를 며칠 동안 교육기관에 보내지 않으면서 그 이유를 설명하는 것도 하나의 방법입니다. 즉 다른 아이들과 함께 물건을 사이좋게 나누어 쓰지 않았기 때문에 선교원에 보낼 수 없다는 사실을 설명하는 것입니다. 그러다가 아이가 선교원에 가고 싶어 하면 그 문제를 다짐받고 나서 다시 보내야 합니다. 아이가 어떤 장난감을 혼자 가지고 놀고 싶어서 다른 아이를 깨물 정도라면 분명히 그 장난감이 있는 곳에 다시 가고 싶어 할 것입니다.

물음 3

자녀를 키우면서 다루기 힘들었던 경험을 서로 이야기해 보세요.

아이들마다 서로 다른 특성들이 있기도 하지만 공통점이 있을 뿐 아니라 대부분의 아이들은 비슷한 과정을 거치는 것이 일반적입니다. 그러므로 비슷한 또래의 자녀를 둔 부모들이 함께 자신의 경험을 이야기하거나 조금 먼저 자녀를 양육한 부모의 경험을 들으면서 지혜를 나눈다면 자녀를 양육하는 데 큰 도움이 될 것입니다.

물음 4

어린 동생을 해코지하는 아이는 어떻게 해야 좋을까요?

동생을 해코지하는 이유는 말할 것도 없이 부모의 사랑을 빼앗긴 데에 대한 피해의식 때문입니다. 그러므로 이런 경우는 부모의 사랑이 떠난 것이 아니라는 사실을 먼저 확인시켜 주어야 합니다. 보통 엄마들은 아기가 태어나면 우선 돌봐야 할 일이 많은 동생에게 관심을 더 많이 가지게 됩니다. 그러나 동생을 두게 된 큰 아이의 정서에도 그에 못지않은 관심을 가져야 합니다. 아기에게 가는 힘을 절약하여 큰 아이를 위해 사용함으로써 큰 아이를 안심시키는 것이 필요합니다. 그래서 동생이 엄마만의 사랑의 대상이 아니라 함께 사랑해야 할 대상이 되도록 하는 것입니다.

동생을 본 아이들은 아기를 예뻐해 주다가도 엄마가 보지 않는 틈에 해코지를 합니다. 이 경우 심하게 야단을 치면 동생을 미워하는 마음이 증폭될 수 있습니나. 사실 아기는 큰 아이에게도 사랑스러워 보이는 것이 당연하기 때문에 해코지를 할 때는 타일러 주고, 큰 아이가 동생을 예뻐해 주고 돌봐 줄 때 칭찬하는 방법을 사용하는 것이 좋습니다. 때로 엄마 대신 아기를 돌보는 일을 맡기고 나서(예를 들면 우유병을 대신 들고 우유를 먹인다든지, 옆에서 딸랑이를 흔들어 준다든지, 기저귀를 가지고 오게 한다든지 등) 엄마를 도와준 점에 대해 칭찬해 주고 큰 아이와 함께 놀아 주는 것도 좋은 방법입니다.

물음 5

자녀가 다른 아이들과 사이좋게 놀도록 지도하기 위한 좋은 방안들이 있으면 이야기해 보세요.

요즘에는 자녀를 하나만 두는 가정이 많습니다. 그래서 형제자매 없이 혼자 자라는 것의 약점을 아는 부모들이 자녀의 사회성 발달을 위해서 일찍부터 유아 교육 기관에 보내거나 이웃에 사는 비슷한 또래들끼리 어울리게 해주려고 노력하는 것을 보게 됩니다. 이것은 바람직한 시도라고 생각됩니다. 자녀의 지적인 발달에만 관심을 가지지 말고 사회성 발달을 통해 원만한 품성을 발전시키도록 노력하십시오.

묵상

잠언 29장 15절을 읽으세요.

"채쩍과 꾸지람이 지혜를 주거늘 임의로 하게 내버려 두면 그 자식은 어미를 욕되게 하느니라"(잠 29:15)

본문은 자녀를 양육하는 문제에 대해 어떤 교훈을 줍니까?

적용

1. 본 과를 통해서 새롭게 깨달은 점은 무엇입니까?

2. 본 과를 공부한 후 당신이 적용할 수 있는 일은 어떤 것들입니까?

제8과

"잘못했어요"

이야기

창수네는 연년생 형제를 키우고 있다. 일곱 살인 창수와 여섯 살인 민수이다. 이 둘은 사이가 좋은 편이어서 늘 친구처럼 지낸다. 그런데 문제는 남자 아이들이라서 그런지 장난이 심하다는 것이다. 서민 아파트 4층에 사는 창수 엄마는 아이들이 쿵쾅거리며 놀 때마다 한 쪽 마음이 무겁다. 이웃집에 폐가 되는 것이 미안해서이다.

물음 및 점검

물음 1

만일 당신이 창수네와 같은 경우라면 어떻게 하겠습니까?

사람이 사는 곳이면 어느 곳에나 이웃이 있습니다. 서로 벽과 천정을 맞대고 사는 이웃들 간에는 아마도 신경 써야 할 일이 많을 것입니다. 그런 일들은 때로 우리를 불편하게 하기도 하지만 관계를 잘 맺으며 예의를 지키면 인정이 있는 좋은 관계를 유지할 수도 있습니다. 그런 이웃이 있는 것은 즐거운 일입니다.

물음 2

당신의 자녀가 아파트 계단의 벽이나 방 벽에 낙서를 하면 어떻게 합니까?

어떤 잘못은 벌을 세우고 다시는 그런 일이 없도록 다짐하는 것으로 끝날 수도 있습니다. 그러나 어떤 잘못은 아이의 나이에 따라 그 일에 대한 보상을 하도록 하는 것도 아이를 가르치는 좋은 방법입니다. 예를 들면 벽에 낙서를 한 것은 지우도록 하는 것이지요. 동생을 울리면 달래는 것을 스스로 책임지게 하고, 시끄럽게 해서 이웃에게 폐를 끼쳤으면 직접 찾아가서 사과하도록 하면 효과가 있을 것입니다.

물음 3

잘못한 후에 사과하는 것은 왜 중요합니까?

물음 4

당신은 자녀에게 적절한 때에 "죄송합니다" 혹은 "감사합니다"라는 말을 사용하도록 지도하고 있습니까?

예절은 어려서부터 몸에 배게 가르쳐야 합니다. "안녕하십니까?" "안녕히 가세요" "죄송합니다" "감사합니다" 등의 인사말들도 가르치고 모범을 보여서 아이들 스스로 할 수 있도록 지도하지 않으면 때를 놓치게 됩니다. 이런 말을 가르치는 데 따르는 유익은 그런 말들을 통해서 다른 사람과 좋은 관계를 맺는 데 도움이 된다는 것입니다. 더 중요한 것은 자녀가 그런 마음가짐을 가지고 살아가게 되는 데 있습니다. 잘못했을 때 미안해 할 줄 알고 고마운 일을 고마워할 줄 아는 사람은 인생을 즐겁고 감사한 마음으로 살아갈 수 있습니다. 어린 시절 이런 말들을 하도록 배우는 것은 그런 인생을 살기 위해 기초를 놓는 것입니다. 부모나 이웃 어른들, 혹은 친구들과 이런 말들을 하는 것이 자연스러운 사람은 하나님과의 관계에서 잘못을 자백하는 데에도 어려움이 없을 것이며 감사하는 일을 소홀히 하지 않을 것입니다.

물음 5

당신 자신은 자녀에게 이런 일들에 있어서 본을 보이고 있습니까?

아이들은 말로 가르치는 것을 통해 배우지 않고 보는 바대로 배운다고 합니다. 부모의 모범이 그만큼 중요하다는 말이지요. 솔로몬이 그렇게 많은 잠언을 기록했는데도 불구하고 그의 자녀였던 르호보암이 노인의 지혜를 멸시했던 것은(왕상 12:6~15) 참된 가르침의 힘이 아름다운 말에 있지 않다는 것을 보여 줍니다. 그러므로 말로 가르치는 일과 함께 모범을 보이지 않으면 모래 위에 집을 짓는 것과 같다는 사실을 깨달아야 합니다.

물음 6

자녀에게 사과하는 것을 가르쳐야 할 경우는 어떤 경우입니까? 여러 가지 예를 들어 보세요.

보통 가까운 사람에게는 감사나 사과의 말을 하는 것이 쑥스럽다고 느끼는 경우가 많습니다. 예를 들면 남편이나 아내가 서로에게 고맙다거나 미안하다고 말하는 것이 어쩐지 어색하게 느껴지는 경우지요. 하지만 그런 가까운 관계일수록 감사나 사과의 말을 하는 것이 더 필요합니다. 그런 일이 익숙하지 않다면 쑥스럽더라도 지금 시작해 보세요. 그렇게 힘들지 않습니다. 그리고 금방 그 효과를 보게 될 것입니다. 부모가 자녀에게 미안할 때 사과하고 고마울 때 고맙다고 표현한다면 아이들도 부모에게 당연히 그런 마음을 표현할 것입니다. 감사나 사과는 관계가 먼 사람들을 위한 것이 아닙니다. 부모에게 사과하는 것도 가르쳐야 합니다.

묵상

에베소서 5장 8~11절을 읽으세요.

"너희가 전에는 어두움이더니 이제는 주 안에서 빛이라 빛의 자녀들처럼 행하라 빛의 열매는 모든 착함과 의로움과 진실함에 있느니라 주께 기쁘시게 할 것이 무엇인가 시험하여 보라 너희는 열매 없는 어두움의 일에 참예하지 말고 도리어 책망하라"(엡 5:8~11)

본문은 자녀를 양육하는 문제에 대해 어떤 교훈을 줍니까?

적용

1. 본 과를 통해 새롭게 깨달은 점은 무엇입니까?

2. 본 과를 공부한 후 당신이 적용할 수 있는 일은 어떤 것들입니까?

제9과

"혼자 할 수 있어요"

이야기

순영이는 올해 일곱 살인 유치원생이다. 그런데 내년이면 학교에 갈 나이인데 아직도 엄마가 아침마다 옷을 입혀 주어야 한다. 혼자 하도록 내버려 두면 원체 느릿느릿 하기 때문에 유치원에 갈 시간에 늦게 된다. 순영이 엄마는 할 수 없이 다 챙겨 주곤 한다.

물음 및 점검

물음 1

당신의 자녀와 순영이를 비교해 보세요.

물음 2

순영이 엄마가 하는 방식에 대해 어떻게 생각하십니까?

물음 3

당신의 자녀가 순영이와 비슷하다면 어떻게 대처하는 것이 좋을까요?

부모가 일을 대신해 주면 대부분의 아이는 스스로 하려고 하지 않습니다. 아이가 입을 옷을 잠자리에 들기 전에 머리맡에 챙겨 주면서 내일 아침에 일어나면 세수하고 옷을 입고 식사하러 오라고 말해 두세요. 아침이 되면 일어나서 준비하고 식사하러 오라는 말을 한 번 더 상기시켜 주어야겠지요. 그렇게 하고도 일정한 시간이 되도록 오지 않는다면 순종의 문제에 걸림이 되는 것이므로 적절한 대책을 세워야 합니다. 예를 들면 하루 동안 아이와 말을 하지 않거나 간식을 주지 않는 것 등도 방법이 될 수 있습니다. 이런 방법을 사용할 때 주의할 점은 처음 마음을 정한 대로 엄격하게 시행해야 한다는 것입니다. 아이가 불쌍하다고 해서 얼마 지나지 않아 엄마 편에서 먼저 정한 규칙을 깬다면 아이의 습관을 고치는 일은 점점 늦어질 것입니다. 물론 어떤 규제가 있을 것이라는 사실은 미리 아이에게 말해야겠지요.

물음 4

아직 네 살밖에 안 된 아이가 혼자서 횡단보도를 건너겠다고 고집한다면 어떻게 할까요?

아이에 따라서는 유난히 독립심이 강하고 용감한 아이도 있습니다. 무슨 일이든지 혼자서 해보려고 하는 것은 좋은 일이지요. 하지만 유아기의 아이들은 아직 판단력이 부족해서 그대로 내버려 둘 수 없는 때가 있습니다. 그럴 때는 일정한 나이가 되면 그렇게 해도 좋다고 서로 약속을 할 수도 있고, 때로는 엄마가 지혜를 발휘하여 "엄마는 여자라서 연약하니까 네가 엄마 손을 잡아 줄래?" 하고 말하며 손을 잡고 가는 방법을 생각해 낼 수도 있겠지요.

물음 5

당신은 자녀에게 스스로 하는 것을 격려하는 편입니까, 아니면 될 수 있는 대로 도와주려고 애쓰는 편입니까?

아이를 도와주는 것은 필요한 일입니다. 그러나 도와준다는 것이 자칫하면 대신해서 해준다는 의미로 오해될 수 있습니다. 조금만 어려워도 누군가가 대신 해준다면 아이는 자신감을 키우지 못할 뿐 아니라 의존적인 아이가 될 것입니다. 행동만 의존적이 되는 것이 아니라 사고조차도 의존적이 된다는 사실을 기억해야 합니다. 스스로 사고할 수 없는 사람이 된다면 아이를 위해 수고하는 것은 밑 빠진 독에 물 붓는 격이 될 것입니다.

물음 6

당신이 현재 자녀를 도와주는 일 중에서 아이가 혼자서도 할 수 있는 일, 혹은 혼자 해야 하는 일이 있다면 어떤 것들입니까?

일하는 즐거움을 가르치는 것은 매우 중요합니다. 일은 일로써 가르쳐야 합니다. 일해 보지 않은 사람은 결코 그 즐거움을 알 수 없습니다. 그리고 일하지 않는 것이 습관이 되면 일 하는 자체에 대해 짜증을 내게 됩니다. 사람은 갑자기 부지런해질 수 없습니다. 아이 때의 습관이 평생을 가는 것입니다. 아이에게 일하는 즐거움을 가르치기 위해서 아이들이 혼자서 해결한 일이 있으면 칭찬해 주는 것 또한 잊지 말아야 합니다. 그리고 아이와 함께 기뻐해 주십시오.

묵상

잠언 6장 6~11절을 읽으세요.

"게으른 자여 개미에게로 가서 그 하는 것을 보고 지혜를 얻으라 개미는 두령도 없고 간역자도 없고 주권자도 없으되 먹을 것을 여름 동안에 예비하여 추수 때에 양식을 모으느니라 게으른 자여 네가 어느 때까지 눕겠느냐 네가 어느 때에 잠이 깨어 일어나겠느냐 좀더 자자, 좀더 졸자, 손을 모으고 좀더 눕자 하면 네 빈궁이 강도 같이 오며 네 곤핍이 군사 같이 이르리라"(잠 6:6~11)

본문은 자녀를 양육하는 문제에 대해 어떤 교훈을 줍니까?

적용

1. 본 과를 통해 새롭게 깨달은 점은 무엇입니까?

2. 본 과를 공부한 후 당신이 적용할 수 있는 일은 어떤 것들입니까?

제10과

언어 사용

이야기

"엄마, 나 로봇 사줘."

"엄만 돈 없어."

"지갑에 있잖아."

"그건 로봇 살 돈 아니야."

"치~"

물음 및 점검

물음 1

위의 이야기의 대화를 읽고 느낀 점을 말해 보세요.

물음 2

당신의 자녀는 부모나 웃어른께 존대어를 사용합니까?

아이에게 존대어를 가르치기 위해 엄마 자신이 아이에게 존대어를 사용하는 경우도 있는데 꼭 그렇게 할 필요는 없습니다. 어른이 아이에게 하는 말투와 아이가 어른에게 하는 말투는 구별되어야 한다는 사실을 알도록 하는 것이 존대어를 가르치는 목적인데 어른인 엄마가 아이에게 존대어를 사용한다면 오히려 혼동을 줄 수 있기 때문입니다. 엄마가 아이한테 쓰는 말은 예사말이어도 존대어를 가르치는 데 전혀 문제가 되지 않습니다.

물음 3

아이에게 존대어를 사용하게 하면 어떤 유익이 있을까요?

존대어는 단지 어른에게 하는 말투를 구별하기 위해서만 가르치는 것이 아닙니다. 존대어 속에는 존경의 태도가 담겨 있기 때문에 존대어를 사용하는 대상에 대한 존경심을 길러 주는 데도 중요한 몫을 합니다. 그러므로 부모에게 존대어를 쓰는 아이들은 사춘기가 되어도 부모를 향하여 반항하는 일이 좀처럼 없습니다. 아이들이 어릴 때 조금만 신경을 쓰면 양육하는 일이 훨씬 수월해집니다.

물음 4

당신과 당신의 배우자는 서로 어느 정도 높임말을 사용하고 있습니까?

최근에는 대부분 연애결혼을 하는데다가 부부 간에 격의 없이 지내다 보니 서로가 말을 낮추어 하는 경우를 적지 않게 볼 수 있는데 그것은 고치는 것이 좋습니다. 그렇다고 해서 꼭 서로 존대어를 쓸 필요는 없지만 어느 정도 상대방을 존중하는 말투를 사용하는 것이 서로를 위해서도 좋고, 자녀들에게 부모에 대한 존경심을 가지도록 하는 데에도 아주 중요한 역할을 합니다.

물음 5

여섯 살인 순영이는 아직도 "엄마, 까까 사줘"라고 말합니다. 당신의 자녀도 유아어를 사용하고 있지 않습니까? 사용한다면 예를 들어 어떤 말들입니까?

아이가 어릴 때에도 유아어를 사용하는 것은 좋지 않습니다. 유아어는 아이의 발음이 분명하게 되어가는 과정에서 사용하는 것이지만 올바른 단어가 아니므로 사용하지 않는 것이 좋습니다. 아이의 발음이 분명치 않을 때도 부모는 바른 발음을 사용해야 아이가 빨리 말을 배우게 됩니다. 그리고 어느 정도 자란 후에도 유아어를 계속 사용하면 어리광 부리는 습관이 생길 수 있습니다. 그것은 유아어를 사용하기 때문이 아니라 충분히 자란 아이에게 유아어를 사용하도록 내버려 두고 자신도 아이와 함께 유아어를 사용하는 부모의 자세 때문입니다.

또한 자녀와 이야기할 때 아이라고 하여 논리적 수준이 낮은 말만 사용한다면 아이의 사고가 발달하지 않습니다. 유대인들은 아이들이 아주

어릴 때부터 어른들이 읽는 성경을 그대로 읽어 주기 때문에 좋은 문장력을 가진 사람들이 많다고 합니다.

물음 6

당신의 자녀가 밖에서 상스러운 말을 배워 사용한다면 어떻게 지도하는 것이 좋을까요?

자녀가 사랑스런 마음에 '어느 정도 자라면 알아서 사용하지 않겠지' 하고 생각하는 것은 어리석은 일입니다. 말은 배우기 시작할 때부터, 인격은 형성되기 시작할 때부터 바르게 잡아 주어야 합니다.

묵상

디도서 2장 4~8절을 읽으세요.

"저들로 젊은 여자들을 교훈하되 그 남편과 자녀를 사랑하며 근신하며 순전하며 집안 일을 하며 선하며 자기 남편에게 복종하게 하라 이는 하나님의 말씀이 훼방을 받지 않게 하려 함이니라 너는 이와 같이 젊은 남자들을 권면하며 근신하게 하되 범사에 제 자신으로 선한 일의 본을 보여 교훈의 부패치 아니함과 경건함과 책망할 것이 없는 바른 말을 하게 하라 이는 대적하는 자로 하여금 부끄러워 우리를 악하다 할 것이 없게 하려 함이라"(딛 2:4~8)

본문은 자녀를 양육하는 문제에 대해 어떤 교훈을 줍니까?

적용

1. 본 과를 통해 새롭게 깨달은 점은 무엇입니까?

2. 본 과를 공부한 후 당신이 적용할 수 있는 일은 어떤 것들 입니까?

제11과

아기는 어디에서?

이야기

선희는 오늘 유치원 짝인 승철이의 생일 파티에 갔다. 저녁때가 되어서야 집에 돌아 온 선희는 대뜸 "엄마, 나 커서 승철이랑 결혼할 거예요"하고 말하는 것이 아닌가!

물음 및 점검

물음 1

당신도 자녀에게 이와 비슷한 말을 들은 적이 있습니까?

물음 2

이럴 때는 어떻게 대답하는 것이 좋을까요?

유치원에 다니는 아이들 중에는 자기 짝과 결혼하게 될 것이라고 생각하는 아이들이 많다고 합니다. 아이들이 자라면서 자기 주변의 남자 아이나 여자 아이들 중에 가깝게 지내는 아이랑 결혼할 것이라고 생각하는 것은 아주 자연스런 일입니다. 그러므로 자녀가 이런 말을 한다고 하여 놀라거나 당황할 필요는 없습니다. 다만 요즘 텔레비전이나 비디오, 혹은 거리의 선전물 등의 대중매체를 통해 서로 사랑하는 성인들의 행동이 적나라하게 아이들에게 노출되어 있는데 이런 어른들의 흉내를 내는 일이 없도록 주의시켜야겠지요. 아이가 자기 짝이랑 결혼하겠다고 하거든 "그래? 그 아이가 어떤 점이 좋은데?" 하고 호기심을 보이며 알아보면 사실은 별로 대단치 않은 경우가 대부분일 것입니다.

물음 3

당신의 자녀가 "엄마, 아기는 어디에서 나와요?" 하고 묻는다면 어떻게 답해 주겠습니까?

아이들에게 대답하는 것이 곤란하다고 하여 거짓말을 하는 것은 바람직하지 않습니다. 이런 경우에는 "아기가 엄마 뱃속에서 다 자라면 '엄마, 나가고 싶어요' 하고 신호를 보낸단다. 그러면 엄마 몸에 있는 아기가 나오는 문이 열리고 아기는 그 문으로 나오는 거야. 그리고 아기가 다 나오면 그 문은 다시 닫혀 버린단다" 하고 대답해 주면 됩니다. 닭이 달걀을 낳는 것처럼 아기가 나온다고 말해 주어도 좋지요. 다리 밑에서 주워왔다거나 배꼽에서 나왔다거나 하고 말하는 것은 좋지 않습니다.

물음 4

"엄마, 아기는 어떻게 해서 생겨요?" 하는 질문에는 어떻게 답하면 좋을까요?

갑작스럽게 이런 질문을 받으면 어떻게 대답해야 좋을지 몰라서 얼버무리거나 아이에게 별 걸 다 묻는다고 야단을 하는 사람들도 있습니다. 하지만 아이들에게 있어서 이런 질문은 "엄마, 별은 왜 반짝거리지요?" 하는 질문과 별로 다를 바가 없는 자연스러운 질문이라고 할 수 있습니다. 그러므로 이런 질문을 받고 당황하지 않도록 미리 대답할 말을 준비해 놓는 것은 아이를 양육하는 지혜입니다. 이 시기의 아이들에게는 "엄마랑 아빠가 '사랑해요' 하고 말하면서 서로 꼭 껴안고 자면 아기가 생기지" 혹은 "아빠랑 엄마가 아주 사랑해서 예쁜 아기를 키우고 싶었지. 그런데 하나님께서 그 마음을 아시고 어느 날 엄마 뱃속에 아기를 만들어 주셨단다" 하는 정도로 말해도 좋을 것입니다.

유아기의 아이들은 사고에 있어서 논리성이나 추상성이 발달하지 않았기 때문에 단순하게 대답해 주는 것이 좋을 때가 많습니다. 예를 들어 네 살짜리 아이가 "엄마, 눈은 왜 내리지요?" 하고 묻는데 자연 현상을 자세히 설명하느라고 애쓰는 것은 오히려 아이를 혼란스럽게 할 것입니다. "하늘에 작은 물방울이 떠 있다가 날씨가 추우니까 얼어서 떨어지는 거야" 하는 정도로 대답해도 좋고 "우리 충성이가 눈사람 만들라고 내리지"

하고 대답하는 것도 괜찮습니다. 이 시기 아이들의 사고의 일반적인 특성상 "왜?"라는 질문은 원인을 묻는 질문일 때보다는 목적을 묻는 질문일 경우가 많다고 합니다.

물음 5

"엄마, 나는 왜 오빠처럼 서서 오줌 누면 안 되지요?" 하고 묻는 여아에게는 어떻게 대답하면 좋을까요?

이런 경우에는 "오빠들은 남자니까 오줌을 누는 곳이 앞으로 나와 있어서 서서 오줌을 누는 게 편하지만 여자는 그렇지 않으니까 앉아서 눠야 한단다" 하고 대답해 주면 좋을 것입니다. 이런 경우에 성기에 대한 설명까지 할 필요는 없습니다.

물음 6

성기를 가지고 장난하는 아이는 어떻게 지도하면 좋을까요?

아이들이 자라는 중에 무심코 성기를 가지고 장난하다가 쾌감을 느끼는 경우가 있습니다. 한두 번 하다가 그만두는 경우는 별로 문제될 것이

없지만 그것이 신기하고 좋아서 자꾸 그런 행동을 하는 아이들이 있는데 그대로 두는 것보다는 금하는 것이 좋습니다. 아이들이 성기를 만지는 것을 금할 때에는 공포감을 주지 말고 "그곳은 아주 중요한 곳이니까 깨끗하게 해야 한단다. 손으로 자꾸 만지면 더러운 균이 들어가겠지?" 하는 말로 타이르면 될 것입니다.

물음 7

과거에는 "남자애가 부엌에 들락거리면 고추 떨어진다"는 말을 하는 사람들이 많았는데 당신도 자녀에게 그런 류의 말을 한 적이 있습니까?

과거에는 이처럼 터무니없는 말을 하여 남자와 여자의 구분을 강조하는 일이 많았던 반면, 요즘에는 지나치게 남자와 여자를 구분 없이 길러야 한다고 강조하는 사람들이 많습니다. 사실 부엌에서 엄마를 돕는 일은 남녀를 구분하지 말고 가르쳐야 합니다. 다만 여아는 여아로서의 기질을 살리고, 남아는 남아다운 기질을 살리도록 양육하는 것은 꼭 필요한 일입니다. 어려서부터 자신의 성적 정체성을 분명히 알고 그것을 긍정적으로 받아들일 수 있도록 하는 말을 해주는 것이 필요합니다. 그러나 위의 물음7과 같은 말들은 불필요하게 아이들에게 공포심을 조성할 수도 있습니다. 반면에 "우리 지현이는 어쩜 목소리가 그렇게 여자답고 예쁘냐?" 혹은 "우리 정윤이 정말 씩씩하구나" 하는 말은 아이를 인정해 주고 격려하는 말입니다. 부정적인 말보다 긍정적인 말로 아이를 남자답게, 혹은 여자답게 길러 보세요. 당신의 자녀를 여자로, 혹은 남자로 만드신 분은 하나님이십니다.

묵상

베드로전서 3장 15절을 읽으세요.

"너희 마음에 그리스도를 주로 삼아 거룩하고 너희 속에 있는 소망에 관한 이유를 묻는 자에게는 대답할 것을 항상 예비하되 온유와 두려움으로 하고"(벧전 3:15)

본문은 자녀를 양육하는 문제에 대해 어떤 교훈을 줍니까?

적용

1. 본 과를 통해 새롭게 깨달은 점은 무엇입니까?

2. 본 과를 공부한 후 당신이 적용할 수 있는 일은 어떤 것들입니까?

제12과

약속 지키기

이야기

"엄마, 우리도 수영장에 가요."

"엄마가 지금은 바빠, 나중에 가자."

"지금 가면 안 돼요?"

"글쎄, 나중에 가재두."

"나중에 언제요?"

"다섯 밤 자고."

이제 약속한 날이 되었다. 그런데 그 사이 며칠 동안 비가 왔기 때문에 빨래를 못하고 밀린 것이 많았다.

"오늘 빨래를 해야 하는데, 수영장에는 내일 가자."

물음 및 점검

물음 1

위의 이야기를 읽고 느낀 점을 말해 보세요.

물음 2

당신은 자녀에게 약속한 것을 반드시 지키는 편입니까? 아니면 편의에 따라 약속을 변경하는 일이 자주 있습니까?

물음 3

아이와의 약속을 지키는 일은 어떤 면에서 중요합니까?

당신이 부모로서 아이와의 약속을 중요하게 생각하지 않는다면 아이를 신실한 아이로 키울 수 없습니다. 아이는 당신을 통해 약속을 지키는 것이 중요한 일이 아니라는 사실을 배우게 될 것이기 때문입니다. 아이들이 어릴 때 배운 것은 일생 동안 영향을 끼치는 인격으로 자리 잡게 됩니다. 또한 이에 못지않게 중요한 것은 아이가 당신을 신뢰할 수 없게 된다는 사실입니다. 자녀가 부모를 신뢰하지 않게 된다면 자녀를 양육하는 일은 소망이 될 수 없습니다. 이런 작은 일로 인한 불신들이 곧 아이 마음에 상처로 남게 되며 그것이 커지면 분노하게 되고 결국에는 반항을 낳게 됩니다. 아이가 어리다고 하더라도 하나님의 형상을 닮은 독립된 인격체로서 인격적으로 존중하며 서로 신뢰를 쌓도록 힘써야 합니다.

물음 4

자녀와의 약속을 지키지 않았던 일을 기억해 보세요.

물음 5

아이를 키우다 보면 "다음번에 한 번 더 그런 일이 있으면 가만 두지 않는다"라는 말을 하는 일이 있습니다. 당신은 그런 류의 말을 한 후 반드시 그렇게 했습니까?

아이가 하고 싶어 하는 일을 하기로 한 약속을 지키는 것뿐 아니라 아이와 함께 정한 규칙도 지켜야 합니다. 만일 이런 규칙을 지키지 않으면 문제가 조용히 시나가 버리는 것이므로 당장은 서로가 좋은 것 같지만 결국 엄마 자신의 권위를 떨어뜨리는 일이며 신뢰를 잃어버리는 길입니다.

물음 6

당신의 아이가 거짓말하는 것을 발견한 적이 있습니까? 아이가 거짓말한 것을 알았을 때 어떻게 했습니까?

엄마가 약속을 지키려고 노력하는 것처럼 아이도 약속을 지키도록 가르쳐야 합니다. 거짓말을 하면 결국 아무도 그 사람을 믿지 않게 될 것이며 그렇게 되면 누구하고도 친구가 될 수 없다는 사실을 뼈저리게 느끼도록 해야 합니다. 그러므로 아이가 거짓말을 했을 때는 아주 분명한 벌을 주어야 합니다. 하루 종일 아이를 상대하지 않고 아이가 하는 말을 무시하며 밥을 굶기는 한이 있더라도 거짓말은 결코 용납될 수 없다는 것을 가르쳐야 합니다. 하나님은 거짓말하는 자들을 미워하십니다(계 21:27).

묵상

에베소서 4장 21~25절을 읽으세요.

"진리가 예수 안에 있는 것 같이 너희가 과연 그에게서 듣고 또한 그 안에서 가르침을 받았을진대 너희는 유혹의 욕심을 따라 썩어져가는 구습을 좇는 옛 사람을 벗어버리고 오직 심령으로 새롭게 되어 하나님을 따라 의와 진리의 거룩함으로 지으심을 받은 새 사람을 입으라 그런즉 거짓을 버리고 각각 그 이웃으로 더불어 참된 것을 말하라 이는 우리가 서로 지체가 됨이니라"(엡 4:21~25)

본문은 자녀를 양육하는 문제에 대해 어떤 교훈을 줍니까?

적용

1. 본 과를 통해 새롭게 깨달은 점은 무엇입니까?

2. 본 과를 공부한 후 당신이 적용할 수 있는 일은 어떤 것들입니까?

제13부

아동기 자녀의 어머니를 위한 **훈련 교재**

제1과

행복한 가정

이야기

기영이는 며칠 후 열 번째 생일을 맞이한다. 기영이는 벌써부터 마음이 들떠 있다. 오늘 기영이는 생일날 초대할 친구들을 헤아려 보며 초대장을 만들고 있다. 엄마한테는 맛있는 음식을 많이 만들어 달라고 단단히 당부해 두었다.

물음 및 점검

물음 1

자녀의 생일을 축하해 주는 것은 어떤 의미가 있습니까?

생일은 즐거운 날입니다. 아이들 입장에서는 축하를 받는 날이라 즐겁고 아이를 낳아 기르는 부모의 입장에서는 자녀가 즐거워하는 날이라 즐겁고, 무엇보다도 자녀가 태어난 날이기 때문에 즐겁습니다. 생일은 부모로서 자녀에게 사랑을 표현할 수 있는 좋은 기회입니다. "엄마 아빠는 네가 우리 가정에 태어나서 얼마나 기쁜지 모른다"는 사랑이 담긴 말이나 카드는 다른 어떤 선물과도 비교할 수 없는 선물이 될 것입니다.

물음 2

당신은 자녀의 생일을 위해 어떤 계획을 세우고 있습니까?

과거에는 아이들의 생일은 대체로 조용히 지나갔습니다. 가정에서 미역국 끓여 먹고 잘 하면 떡을 해 먹는 정도였지요. 그러나 점점 아이를 귀중히 여기는 시대의 흐름을 타고 아이들의 생일을 어른들 생일보다 더 대단하게 치르는 가정이 늘어나고 있습니다. 아이를 귀중히 여기는 것은 좋은 것입니다. 아이를 떠받들어야 한다는 의미에서가 아니고, 아이의 인격도 존중해야 한다는 의미에서 그렇습니다. 그것은 생일잔치를 거창하게 하는 것으로 표현되는 것이 아닙니다. 그러나 생일을 그저 무심히 지내는 것은 아이를 실망하게 하는 일입니다. 아이가 친구들을 초대하기 원하면 아이와 함께 친구들과 즐거운 시간을 가질 수 있는 계획을 세워 보는 것도 좋겠지요. 꼭 비싸고 많은 음식을 차려야만 하는 것은 아닙니다. 어쩌면 즐거운 놀이 계획을 세우는 것이 더 필요할 것입니다. 그리고 가족들끼리는 생일을 당한 당사자 몰래 깜짝 선물을 계획해 보세요. 물질문명은 많은 돈을 들여야 사랑이 많은 것이라고 속이려 할지 모르지만 정말 중요한 것은 마음이라는 사실을 잊지 맙시다. 그리고 자녀가 가깝게 지내는 친구들의 부모와 의논하여 아이의 생일이 물질적인 면으로 치우치지 않도록 서로 협력하고자 제의하는 것도 필요합니다.

물음 3

당신의 자녀가 가장 행복해했던 때는 언제였습니까?

행복감은 자녀들이 밝은 마음으로 자라는 데 있어서 매우 중요한 부분을 차지합니다. 행복한 가정은 자녀가 행복감을 가지고 자라는 데 필수적입니다. 사람들은 사랑을 주고받을 때 가장 행복해합니다. 그리고 칭찬받을 때, 격려받을 때, 인정받을 때, 위로받을 때 사랑을 받는다고 느낍니다. 그러므로 자녀를 칭찬하며, 격려해 주고, 인정해 주고, 위로해 주는 부모가 되도록 힘써야 합니다.

물음 4

당신은 자녀가 행복감을 가지고 자라도록 하기 위해 어떤 노력을 하고 있습니까?

아무리 좋은 장난감과 값비싼 옷들과 호화판 책들에 둘러싸여 있다고 하더라도 부모를 대신해 줄 수 있는 것은 없습니다. 아이에게 중요한 것은 부모 자신입니다. 그러므로 자녀와 함께 보내는 시간을 귀중히 여겨야 합니다. 자녀와 함께 하는 시간은 자녀에 대한 관심의 실제적인 표현입니다.

함께 있어야 칭찬하거나 격려할 기회도 있고 위로가 필요할 때 위로할 수 있을 것입니다. 그러나 부득이하게 함께 있는 시간에 제한을 받는다 해도 이에 대해 죄책감을 가질 필요는 없습니다. 나름대로 최선을 대해 격려하고, 인정해 주고, 위로해 주는 마음이 중요합니다. 어떤 면에서는 자녀와 함께 있는 시간이 많은 부모일수록 이런 점에 신경을 써야 합니다. 왜냐하면 자녀와 함께 있을 때 칭찬하며 격려하기보다는 꾸중하고 짜증내거나 화를 내기가 더 쉽기 때문입니다.

물음 5

당신 자신은 행복감을 가지고 생활하고 있습니까?

아이들이 행복감을 가지고 자라는 데 있어서 또 하나 중요한 것은 부모 자신의 행복감입니다. 행복한 부모와 사는 아이들이라야 그늘 없이 자랄 수 있습니다. 당신이 행복감을 느끼는 데 있어서 가장 중요한 것은 아마 배우자와의 관계일 것입니다. 당신이 행복하기 원한다면 당신의 남편을 행복하게 해주십시오. 그러기 위해서는 남편을 존경하고 남편에게 당신의 감정을 솔직하게 표현하십시오. 감정을 솔직하게 표현하는 데 있어서 조심해야 할 때가 있는데 바로 화가 날 때입니다. 화가 날 때만큼은 화를 내지 않고 화가 난다고 '말하는' 것이 중요합니다. 그리고 '고맙다'는 말을 자주 하고, 미안한 마음이 있을 때는 스스럼없이 '미안하다'고 말하세요. 행복한 남편의 아내는 행복할 것입니다. 그리고 그런 부모를 둔 자

녀는 행복할 것입니다. 무엇보다도 아이들은 행복하게 자라야 합니다.

물음 6

당신의 가정에서는 소위 '가훈'이라고 하는 것을 정하고 있습니까? 가훈이 있다면 무엇입니까?

자녀들이 행복감을 가지고 자라는 데 있어서 자기 가정을 자랑스럽게 생각하는 마음도 중요한 역할을 합니다. 가훈을 정하는 것은 그런 의미에서 좋은 방법입니다. 가훈을 정할 때는 추상적인 단어보다는 구체적으로 실천할 수 있는 것을 정하는 것이 좋습니다. 예를 들면 '사랑'이라는 추상적 표현보다는 '하나님 사랑, 자녀 사랑, 부모 사랑, 형제 사랑' 등으로 표현하는 것이 좋고, '감사'보다는 '범사에 감사하는 사람이 되자'는 표현이 좋습니다.

묵상

시편 115편 9~15절을 읽으세요.

"아론의 집이여 여호와를 의지하라 그는 너희 도움이시오 너희 방패시로다 여호와를 경외하는 너희는 여호와를 의지하라 그는 너희 도움이시오 너희 방패시로다 여호와께서 우리를 생각하사 복을 주시되 이스라엘 집에도 복을 주시고 아론의 집에도 복을 주시며 대소 무론하고 여호와를 경외하는 자에게 복을 주시리로다 여호와께서 너희 곧 너희와 또 너희 자손을 더욱 번창케 하시기를 원하노라 너희는 천지를 지으신 여호와께 복을 받는 자로다"(시 115:9~15)

본문은 자녀를 양육하는 문제에 대해 어떤 교훈을 줍니까?

적용

1. 본 과를 통해 새롭게 깨달은 점은 무엇입니까?

2. 본 과를 공부한 후 당신이 적용할 수 있는 일은 어떤 것들입니까?

제2과

학교생활

이야기

예진이는 공부를 잘 하는 편이다. 오늘은 며칠 전 치른 시험 결과가 나왔다. 국어 95점, 수학 85점, 사회 90점, 자연 100점, 음악 100점, 미술 100점, 실과 100점, 체육 90점이었다. 성적표를 받아 본 예진이 엄마는 "아니, 웬일로 수학이 85점 밖에 안 되니? 국어는 뭐가 틀렸지? 아깝다. 사회도 두 개나 틀린 걸 보니 확실히 공부를 제대로 하지 않았구나" 하고 말했다.

물음 및 점검

물음 1

위의 이야기에 나오는 예진이 엄마의 말에 대해 어떻게 생각합니까?

대부분의 엄마들은 예진이 엄마처럼 아이가 잘한 것을 칭찬해 주는 일은 잊어버리고 잘못한 것만 꼬집어 말합니다. 그러나 이런 식으로는 아이가 실망하고 용기를 잃을 수밖에 없습니다. 엄마를 미워하는 마음도 들고 심하면 반항심이 생기지요. 먼저 잘한 것부터 칭찬해 주세요. 그러고 나서 부족한 점을 보충하는 방법을 찾아 보자고 말해 보세요. 아이 스스로도 벌써 엄마가 하고 싶은 말을 잘 알고 있을 것입니다.

물음 2

당신은 자녀가 성적표를 받아 왔을 때 대체로 어떤 말을 합니까?

성적은 중요한 것이긴 하지만 학교생활의 전부가 아닙니다. 성적이 좋거나 좋지 않거나 격려해 주는 것이 중요합니다. 성적 때문에 학교생활의 즐거움을 잃어버리지 않게 해야 합니다. 성적 때문에 배우는 즐거움을 긴장이나 압박으로 바꾸지 않게 해야 합니다.

물음 3

자녀가 집에 와서 담임선생님에 대해 불평을 하는 일이 있습니까? 그럴 때 당신은 어떻게 합니까?

아이가 담임선생님을 어떻게 생각하느냐 하는 것은 매우 중요한 부분입니다. 특히 초등학교에서는 담임선생님이 아이에게 미치는 영향이 막대합니다. 그런데 자녀가 선생님을 존경하는 마음으로 공부하지 못한다면 문제가 심각할 수밖에 없습니다. 부모는 할 수 있는 대로 자녀가 선생님을 좋아하고 존경하도록 지도해야 합니다. "너희 선생님 참 훌륭하시구나" 혹은 "선희는 참 좋겠네, 선생님이 재미있는 분이셔서" 등의 말을 해서 아이가 선생님에 대해 좋게 생각하도록 이끌어 주는 엄마가 현명합니다. 아이가 선생님에 대해 불평할 때 함께 불평하거나, 선생님이 잘못한 부분에 대해 항의하거나, 선생님에 대해 비판적인 말을 하고, 모자란 점을 들추어 말하는 것은 결국 아이에게 해를 가져옵니다. 그것은 선생님께 미움을 받을 것이라는 의미가 아니라 아이의 인격에 미칠 해를 말하는 것입니다. 웃어른, 특히 자기에게 가르침을 주는 분을 존경하지 않는 사람은 인격이 비뚤게 자랄 수밖에 없다는 사실을 기억해야 합니다. 부족한 부분이 있더라도 덮어 주고 좋은 점을 찾아 칭찬하는 일은 누구에게나 필요합니다. 마땅히 존경받을 만한 인물이 되지 못하는 분들도 있는 것이 사실이지만 그렇다고 하여 선생님에 대한 아이의 반항심을 부추겨서는 안 됩니다.

물음 4

선생님께 드리는 선물이나 촌지 문제에 대해서는 어떤 견해를 가지고 있습니까?

촌지는 원래 감사의 마음을 표현하는 작은 선물이었습니다. 그러던 것이 최근에는 소위 돈 봉투를 의미하는 말로 바뀌었고 그래서 학부형이 선생님에게 드리는 촌지를 사회적으로 금하고 있지만 그럼에도 불구하고 좀처럼 사라지지 않는 괴물이 되었습니다. 가르침을 받는 사람이 가르치는 분께 감사의 마음을 표현하는 것은 당연한 일이고 마땅히 그래야 합니다. 그러나 그것이 자기의 이익을 위한 것이라면 뇌물이라고 할 수 있지요. 선생님에게 뇌물성 선물이나 촌지를 드리는 것은 자녀 교육에 있어 바람직하지 못합니다. 그것은 자녀에게 부정적인 돈의 힘을 가르치는 일이며, 선생님에 대한 존경심을 좀먹게 하는 일입니다.

선생님에게 감사의 뜻을 전하기 좋은 기회를 이용하세요. 스승의 날 아이와 함께 선생님에게 드릴 선물을 사서 꽃이나 카드와 함께 선물하고, 학년을 마치는 날 감사의 마음을 전하는 카드와 함께 정성스런 선물을 전해드리는 것은 좋은 일입니다. 이런 일들을 통해 아이들도 감사를 표현해야 할 때와 방법 등을 배우게 될 것입니다. 학년 초에 자녀를 일 년 동안 가르치실 분께 인사를 드리는 것도 마땅한 일이라 생각됩니다. 다만 이때는 선생님에게 드리는 선물이 아니라 새 학년이 된 학급에 필요한 화분이나 액자, 달력 등을 들고 가면 좋을 것입니다.

물음 5

당신의 자녀는 학급 친구들과 잘 어울려 지냅니까? 아니면 친구들을 사귀는 데 문제를 지니고 있습니까?

당신의 자녀가 급우들과의 관계에서 자기의 이익만을 우선적으로 하는지 아니면 때로 양보도 하며 좋은 관계를 유지하려고 힘쓰는지는 부모인 당신이 평소에 어떤 생각을 가지고 있는가에 좌우되는 경우가 많습니다. 그리스도인으로서 이웃을 자기 몸과 같이 사랑하는 훈련은 급우들과의 관계 속에서 제일 먼저 이루어질 수 있습니다. 급우들 사이에서 기회 있는 대로 선한 일에 힘쓸 것을 격려하십시오.

묵상

베드로전서 5장 5~7절을 읽으세요.

"젊은 자들아 이와 같이 장로들에게 순복하고 다 서로 겸손으로 허리를 동이라 하나님이 교만한 자를 대적하시되 겸손한 자들에게는 은혜를 주시느니라 그러므로 하나님의 능하신 손 아래서 겸손하라 때가 되면 너희를 높이시리라 너희 염려를 다 주께 맡겨 버리라 이는 저가 너희를 권고하심이니라"(벧전 5:5~7)

본문은 자녀를 양육하는 문제에 대해 어떤 교훈을 줍니까?

적용

1. 본 과를 통해 새롭게 깨달은 점은 무엇입니까?

2. 본 과를 공부한 후 당신이 적용할 수 있는 일은 어떤 것들입니까?

제3과

책임감과 근면성

이야기

우람이는 평소에 학교 공부가 끝나면 바로 집으로 돌아오는 아이이다. 그런데 오늘은 평소에 비해 귀가 시간이 늦었다. 그 사이 우람이 엄마는 일이 손에 잡히지 않아서 이웃에 사는 친구들 집에 전화를 해보았지만 아무도 우람이를 보았다는 아이가 없었다. 한 시간 가량이 지나서야 집에 돌아 온 우람이는 기운이 하나도 없어 보였다. 이유를 물어 보니 같은 반 친구와 함께 교실을 나오다가 친구가 화장실에 갔다 오겠다고 해서 현관에서 기다리고 있었는데 아무리 오래 기다려도 오지를 않아서 이리저리 찾아다니다가 늦었다는 것이었다.

물음 및 점검

물음 1

당신은 위와 같은 일이 있을 때 아이에게 어떻게 말하겠습니까?

어떻게 생각해 보면 우람이의 행동이 답답해 보일지도 모르지만 사실 꾸중을 할 만한 구석은 없습니다. 친구를 끝까지 기다려 준 행동은 잘못된

것이 아닙니다. 이런 경우에는 지쳐서 집에 돌아온 아이를 위로하는 것이 우선입니다. 그러고 나서 엄마와 다른 가족들이 얼마나 걱정했었는지를 말해 주고 앞으로 이런 일이 생기지 않으려면 어떻게 하면 좋을지를 아이와 함께 이야기해 보세요.

물음 2

당신과 자녀 사이에는 귀가 시간에 대한 규정이 있습니까?

학교에서의 귀가 시간뿐 아니라 다른 모든 외출 시의 귀가 시간에 대해서는 일정한 규정이 있는 것이 좋습니다. 그리고 외출 시에는 반드시 부모에게 가는 장소와 귀가 예정 시간에 대해 말씀드리고 허락을 받은 후에 나가도록 지도해야 합니다. 그런 훈련은 안전을 위해서도 필요하지만 웃어른에 대한 예절로서도 중요합니다. 만일 귀가 시간 규정을 무시하고 늦게 귀가하여 걱정을 끼친 경우에는 반드시 이에 대해 책임 의식을 가지도록 하고 다음 번 외출에 제재를 가해야 할 것입니다.

물음 3

당신의 자녀는 숙제나 그 외 학습 과제를 자발적으로 성실하게 하는 편입니까? 아니면 마지못해 억지로 하는 편입니까?

학생으로서 숙제를 성실하게 하는 태도를 기르는 것은 중요합니다. 숙제는 자라는 과정에서 책임의식을 가지고 임해야 할 일들을 훈련하는 좋은 기회라고 할 수 있습니다. 반드시 해야 할 일을 미루고 게으름을 부리거나 하지 않고 지나가려고 하는 것은, 비단 선생님께 벌을 받기 때문에 문제가 되는 것이 아니라 평생에 부딪히게 될 삶의 과제들을 해결하는 자세와 습성을 형성하기 때문에 문제가 되는 것입니다. 자신에게 주어진 과제들을 계획성 있고 성실하게 해결하는 태도는 어려서부터 길러져야 합니다.

물음 4

당신은 가정에서 자녀에게 책을 읽거나 공부하는 습관을 어떻게 가르치고 있습니까?

대부분의 경우 유아기의 아이들은 무엇인가 배우는 것을 즐거워하는데 그 시기에 아이의 발달 수준에 맞게 잘 이끌어 주었다면 학교에 입학한 후에도 공부하기를 즐거워할 것입니다. 자녀에게 책을 읽거나 공부하는 것이 즐겁다는 것을 가르치는 가장 좋은 방법은 부모 자신이 좋은 책을 가까이 하는 것입니다. 그리고 자녀가 공부할 때에 부모가 옆에 있어서 안정감을 가질 수 있는 분위기를 만들어 주는 것이 좋습니다. 다른 일들도 마찬가지이지만 공부는 특히 집중할 수 있는 안정된 분위기가 중요합니다. 부모가 옆에 있는 것은 과제 해결을 이끌어 주기 위해서가 아니라 정서적으로 안정된 가운데 과제를 해결해 나가도록 하기 위한 것이고, 숙제를 하

는 주체는 자녀 자신이라는 사실을 잊지 말아야 합니다.

물음 5

당신의 가정에서는 이부자리 정돈이나 책상 정돈 등 자녀가 해야 할 일이 정해져 있습니까? 어떤 일들을 아이들이 할 일로 정해 두었습니까?

아이들이 자라면서 자기에게 주어진 일을 책임감 있게 하도록 훈련하기 위해서 가정에서도 과제를 정해 주는 것이 필요합니다. 이부자리 정돈이나 책상과 책꽂이 정돈 정도는 기본적으로 해야 할 일입니다. 그 외에도 금붕어를 기르고 있는 집이라면 금붕어에 먹이 주는 일, 운동화나 실내화를 빠는 일, 재활용품을 정리하는 일, 세탁물을 세탁 바구니에 넣는 일 등을 아이가 스스로 하도록 맡겨서 책임감을 가지고 하도록 하고, 그런 일을 즐거운 마음으로 할 수 있도록 칭찬하며 격려하는 것이 필요합니다. 아이는 집에서 아무 일도 하지 않고 부모가 아이를 위해 모든 것을 다 해주는 것은 부모로서 최선을 다하는 방법이 아닙니다. 부모는 자녀가 스스로 자기 일을 할 줄 아는 사람으로 성숙할 수 있도록 양육하는 중이라는 사실을 잊어서는 안 됩니다.

물음 6

자녀의 하루 일과에 대해 정해진 규칙이 있습니까?

하루 생활 계획표를 짜서 그대로 실천하기는 쉽지 않습니다. 그러나 최소한의 기본적인 규칙을 정하는 것은 필요한 일입니다. 이침에 일어나는 시간, 귀가 후 과제물을 처리하는 시간, 텔레비전 보는 시간, 저녁식사 시간, 취침시간 등은 기본적으로 정해 두어야 합니다. 숙제를 하는 시간은 구체적으로 정해 주지 않더라도 '숙제를 다 하기 전에는 텔레비전을 시청할 수 없도록 한다' 든지 ' 잠자리에 들기 전에는 반드시 일기를 쓰도록 한다' 는 등의 방법으로 정할 수도 있습니다.

물음 7

아이가 규정을 지키지 않았을 때는 어떤 규제가 있습니까? 정해진 규정은 잘 지켜지고 있습니까?

사람이라면 본성적으로 누구나 부지런함보다는 게으름을 추구합니다. 부지런함은 훈련과 모범에 의해 계발되는 품성이라고 할 수 있습니다. 자녀의 부지런한 품성을 길러 주기 위해서는 부모 자신이 부지런해야 합니다. 부모는 게으르면서 자녀에게 부지런함을 가르칠 수 없고, 또 부모가 부지런하더라도 자녀를 훈련하는 일을 소홀히 하면 안 됩니다. 자녀가 정해진 규칙을 지키지 않는 것을 그대로 두면 게을러질 뿐 아니라 규칙을 존중하는 마음도 기르지 못하게 됩니다.

묵상

마태복음 25장 21절을 읽어 보세요.

"그 주인이 이르되 잘 하였도다 착하고 충성된 종아 네가 작은 일에 충성하였으매 내가 많은 것으로 네게 맡기리니 네 주인의 즐거움에 참예할지어다"(마 25:21)

본문은 자녀를 양육하는 문제에 대해 어떤 교훈을 줍니까?

적용

1. 본 과를 통해 새롭게 깨달은 점은 무엇입니까?

2. 본 과를 공부한 후 당신이 적용할 수 있는 일은 어떤 것들입니까?

제4과

텔레비전과 오락

이야기

"우리 집 아이는 텔레비전 앞에 앉으면 그만 정신이 빠지는지 옆에서 누가 뭐라고 해도 못 알아들어요. 도대체 공부할 생각은 안 하고 저렇게 텔레비전만 보다가 어찌 될지 모르겠어요. 어린이 시간뿐 아니라 저녁 먹고 나서도 텔레비전 앞에서 일어날 줄을 몰라요. 아무리 공부하러 가라고 말해도 들은 체도 안 하고 앉아 있다니까요."

물음 및 점검

물음 1

당신도 자녀가 텔레비전을 지나치게 많이 보는 일 때문에 걱정하고 있습니까?

앞의 과에서 다루었듯이 자녀들의 텔레비전 보는 시간을 정하고 규칙대로 잘 지키도록 지도해야 합니다. 아동기의 어린이들은 원칙적으로 어린이 시간 외에는 보지 않도록 하고 예외로 가족들이 함께 보는 프로그램을 일주일에 몇 개 정하면 좋을 것입니다. 텔레비전 프로그램뿐 아니라 비디오 시청도 비슷한 규정이 있어야 합니다.

물음 2

자녀와 함께 텔레비전이나 비디오를 시청한다면 어떤 좋은 점이 있을까요?

텔레비전이나 비디오를 시청할 때는 될 수 있으면 부모가 자녀와 함께 시청하는 것이 좋습니다. 그러면 프로그램 내용에 대해 자녀와 대화할 기회가 생길 것이므로 대화의 폭이 넓어져서 자녀가 부모에 대한 친밀감을 더 가지게 될 것이고, 어떤 특정 문제에 대해 자녀의 생각을 알 수도 있고 부모의 생각을 자녀에게 말해 주며 자녀의 사고를 바람직한 방향으로 이끌어 주는 효과를 기대할 수도 있습니다. 그리고 무엇보다도 자녀는 부모가 옆에 함께 있으면 행복감을 느낍니다.

물음 3

당신 자신이 시청하는 텔레비전 프로그램을 적어 보세요.

부모가 텔레비전 보는 것을 스스로 규제하지 않으면 아이가 보는 것을 규제하기 어렵습니다. 아이를 훈련하는 가장 좋은 방법은 부모 자신이 모범을 보이는 것입니다. 부모가 텔레비전에 매이지 않기 위해서는 매일 연속극을 보는 대신에 한 주에 한 번 하는 프로그램 중에서 좋은 것을 선택하여 보는 것이 좋습니다. 좋은 사고와 삶을 배우기 위해서는 대부분 연속극보다는 그런 프로그램들이 더 효과적입니다. 그리고 부모도 텔레비전을 보지 않는 시간에 집안일뿐 아니라 책을 읽거나 규칙적인 노력을 요하는 취미 생활을 하여 부지런하고 건전한 삶의 본을 보여 주어야 합니다. 부모 자신은 텔레비전이나 잡지 보는 일로 소일하면서 자녀에게는 공부하라고 한다면 전혀 설득력이 없을 뿐더러 자녀에게 반항심만 키워 줄 것입니다.

물질문명이 가져오는 폐단 중의 하나는 오락 문화가 성행한다는 것입니다. 그것은 물질문명 자체가 인간을 삶으로 이끄는 힘이 있기 때문입니다. 그러므로 물질문명 사회를 살아가는 그리스도인들은 의도적으로 이런 사회의 흐름에 저항하고자 하는 노력을 기울여야 합니다. 그렇지 않으면 하나님이 원하시는 삶이 아니라 사회가 이끄는 삶을 살 것이기 때문입니다. 텔레비전 프로그램도 잘 선택하여 시청하면 유익한 것들이 많지만 아무런 의식 없이 화면 앞에 앉아 있으면 오락성 프로그램들로 시간을 보내게 될 것입니다.

물음 4

당신의 자녀는 비디오 게임이나 컴퓨터 게임을 얼마나 자주 합니까?

물질문명 시대에 산업 기술의 발달과 오락 문화의 발달이 함께 낳은 작품 중 하나가 게임 기계들입니다. 게임은 한 번 빠지면 헤어나기 어려울 정도로 구속적 마력이 있습니다. 그러므로 아이들이 게임에 빠지지 않도

록 지도하는 것이 필요합니다. 그러기 위해서는 매일 하도록 허락하지 말고 주말이나 주 중에 몇 번으로 정하되 한 번 할 때의 시간도 정해 주어야 합니다. 매일 게임을 하는 아이들은 게임에서 생각이 떠나지 않으며 한 번에 오랜 시간 계속하게 되면 중독 증상이 나타나게 됩니다.

물음 5

자녀가 오락실이나 PC방에 출입하는 것을 허용하고 있습니까?

아동기의 어린이들을 공부에만 묶어 둘 수는 없습니다. 아이들에게는 적당한 시간 노는 것이 필요합니다. 대체로 여자 어린이들은 친구들과 모여서 자기들끼리 재미있는 놀이를 구성해서 시간을 보내는 반면, 남사 어린이들은 초등학교 상급 학년 정도 되면 게임기나 컴퓨터 등을 이용한 게임을 하거나 만화를 보는 데 치우치는 경향이 있습니다. 여자 어린이들은 놀이 방법이나 장소가 과거나 현재나 별 다름이 없는 반면, 남자 어린이들은 과거에 자연이 가까이 있던 시대와는 달라서 학교의 운동장을 제외하고는 산이나 들, 흙이 있는 넓은 터에서 놀 수 있는 기회가 많지 않기 때문이기도 합니다.

그러나 오락실에 출입하는 것을 한두 번 허용하다 보면 나중에는 그것을 막기 위해 부모와 자녀 모두가 힘든 과정을 거치게 됩니다. 아동기의 어린이들은 아직 자제력이 충분히 키워지지 않았다는 사실을 기억해야 합니다. 이미 오락실에 다니는 습관이 있다면 아이와 함께 오락실의 폐단들에 대해 이야기를 나누며 아이 스스로 그런 폐단들을 말할 수 있도록 유도하여 더 이상 오락실에 출입하지 않도록 지도해야 합니다.

물음 6

텔레비전을 시청하는 일 외에 가족들이 함께 즐기는 시간은 얼마나 자주 가지고 있습니까? 그런 시간은 주로 어떻게 보냅니까?

아이들에게 오락실에 가는 것도 금하고, 컴퓨터 게임도 마음대로 하지 못하게 하고, 텔레비전 보는 시간도 제한하고 공부만 하라고 한다면 기쁜 마음으로 순종하는 아이들이 많지 않을 것입니다. 그렇다고 하여 악영향이 더 많은 것들을 허용하다 보면 구멍은 점점 커지게 될 것입니다. 그런 구멍을 막는 좋은 방법은 가족들이 함께 보내는 즐거운 시간을 자주 가지는 것입니다. 함께 가족 오락 프로그램을 시청할 수도 있고, 산책을 가도 좋고, 배드민턴이나 줄넘기 등 가족이 함께 하는 운동을 하는 것도 좋습니다. 저녁식사 후에는 주사위나 카드를 이용한 게임을 하는 것도 좋고, 윷놀이도 좋은 게임이 될 수 있습니다.

그 외에 한 가지 더 제안하자면 가족회의 시간을 가지는 것입니다. 가족회의는 특별한 일이 있을 때 모여도 좋고 일주일에 한 번이나 한 달에 한 번 정기적으로 모이는 것도 좋습니다. 자녀를 포함하여 가족들이 돌아가면서 사회도 보고 회의록도 기록하도록 하면 아이들이 아주 좋아합니다. 초등학교에 다니는 아이들이면 충분히 사회도 볼 수 있고 회의록도 기록할 수 있습니다. 아이들은 자기들의 의견도 어른들의 의견과 함께 존중될 수 있다는 사실에 흥분하고 즐거워합니다.

물음 7

당신은 저녁식사 후의 시간을 어떻게 보내고 있습니까?

많은 부모들이 저녁식사 후에는 텔레비전을 시청하거나 신문을 읽으면서 시간을 보냅니다. 그러나 사실 이 시간은 자녀를 양육하는 부모들에게 있어서 자녀에게 좋은 가르침을 베풀 수 있는 가장 효과적인 금쪽같은 시간입니다. 자녀들의 모자라는 공부를 돌보아 주는 것도 이 시간을 이용하면 좋고, 자녀 옆에서 함께 책을 읽으며 자녀에게 독서 지도를 하는 것도, 자녀들이 하루 동안 겪었던 일들을 들어 주는 것도 이 시간을 이용하면 좋습니다. 당신이 자녀 옆에 앉아 있을 수 있는 시기는 금방 지나갑니다. 이런 귀한 시간을 놓치지 않는 부모야말로 지혜로운 부모입니다.

묵상

데살로니가전서 5장 5~8절을 읽으세요.

"너희는 다 빛의 아들이요 낮의 아들이라 우리가 밤이나 어두움에 속하지 아니하나니 그러므로 우리는 다른 이들과 같이 자지 말고 오직 깨어 근신할지라 자는 자들은 밤에 자고 취하는 자들은 밤에 취하되 우리는 낮에 속하였으니 근심

하여 믿음과 사랑의 흉배를 붙이고 구원의 소망의 투구를 쓰자"(살전 5:5~8)

본문은 자녀를 양육하는 문제에 대해 어떤 교훈을 줍니까?

적용

1. 본 과를 통해 새롭게 깨달은 점은 무엇입니까?

2. 본 과를 공부한 후 당신이 적용할 수 있는 일은 어떤 것들입니까?

제5과

형제 우애

이야기

준영이네는 오빠 준영이와 동생 현주 두 남매가 있다. 그런데 둘이는 잘 놀다가도 곧잘 싸우곤 한다. 준영이는 남자 아이 특유의 짓궂은 장난을 하며 현주를 놀리고 현주는 오빠한테 지지 않으려고 하다가 안 되면 울음을 터뜨리는 것이다. 울기 시작하면 현주는 곧 엄마에게로 달려간다.

물음 및 점검

물음 1

당신의 자녀들도 자주 싸우는 편입니까?

어릴 때 형제 간에 싸우는 일은 흔히 있는 일입니다. 부부 간에도 때때로 의견 충돌이 있듯이 형제들끼리 마음이 맞지 않는 일들이 생기는 것은 이상한 일이 아닙니다. 다만 아이들은 아직 성숙하지 않았기 때문에 좀 더 자주 충돌할 것입니다. 이처럼 가족들 사이에서 충돌이 일어나는 것은 서로 미워하기 때문이 아니라 그만큼 서로 가깝기 때문입니다. 가까이 있는 입자들일수록 충돌의 확률이 높은 것과 마찬가지로 가족은 하나의 공간

안에서 함께 지내기 때문에 자주 충돌하는 것이지요. 그러므로 자녀들이 서로 다투고 있을 때 이것을 너무 비관적으로 생각할 필요는 없습니다. 어떤 점에서는 서로 의견이 충돌되었을 때 이를 조정해 가는 과정에서 인격적인 성숙이 이루어지기도 합니다. 그러나 그렇다고 하여 자녀들이 싸우는 것을 방관하고 있어도 된다는 의미는 아닙니다. 싸움은 미움으로 발전할 수 있기 때문입니다.

물음 2

당신의 자녀들은 주로 어떤 문제로 싸웁니까?

물음 3

당신은 자녀들이 서로 싸울 때 어떻게 합니까?

자녀들이 싸우는 이유 중의 하나는 부모의 사랑을 확인하고 싶어서라고 합니다. 자기들이 싸울 때 부모가 누구 편을 들어주는가를 알기 위해서 싸우는 경우가 많다고 합니다. 아이들의 이런 심리를 잘 알고 있어야 아이들이 싸울 때 실수하지 않을 것입니다. 둘 사이의 잘잘못을 가리려고 하다가 아이들 싸움에 말려들어서 불공정한 판단을 내리거나 오히려 미움을

부추길 수도 있기 때문입니다. 그러므로 자녀들끼리 싸울 때에는 두 편의 말을 다 공정하게 들어주되 싸움의 잘못은 두 편 모두에게 있음을 인정하도록 하고 벌을 줄 경우에는 싸웠다는 사실 자체에 대해 벌을 주도록 해야 합니다. "왜 싸웠니?" 하는 질문으로 개입하는 것보다 둘이 싸웠다는 사실에 대해 벌을 세운 후 "왜 벌을 섰는지 아니?" 하는 질문을 하여 자기들의 잘못을 생각해 보도록 지도하는 것이 좋습니다. 될 수 있으면 부모가 개입하지 않고 스스로 자기들끼리 문제를 해결할 수 있도록 하는 것이 바람직합니다. 아이들이 싸우다가 엄마에게 달려오거든 다시 돌려보내면서 문제를 둘이 해결한 후에 엄마에게 와서 보고하라고 말하고 간섭하지 않는 것이 최선의 방책일 때가 많습니다.

물음 4

두 아이가 싸울 때 주로 손위의 아이에게만 양보할 것을 요구한다면 어떤 문제가 생길 수 있을까요?

어른들은 종종 손위의 아이가 더 너그러운 마음을 가지고 양보하기를 바라지만 그 아이 역시 아직 어린아이라는 사실을 잊지 말아야 합니다. 작은 아이가 엄마에게 와서 큰 아이 때문에 속상했던 일들을 말하며 자기편이 되어 주길 바랄 때 편들어 주기만 하지 말고 "너는 오빠한테 잘 해주는 일이 있니?" 하고 질문하여 자기 자신을 되돌아 볼 수 있는 기회를 만들어 주어야 합니다.

물음 5

부모가 형제 간의 싸움을 조장하는 경우가 있다면 어떤 경우일까요?

자녀를 양육하는 부모가 주의해야 할 것 중의 하나는 편애입니다. 열 손가락 깨물어 아프지 않은 손가락이 없다고 말하기는 쉽지만 아이들에게 공정하게 하는 것은 쉽지 않습니다. 아이마다 성격이나 건강, 지능, 재주 등이 각각 다르기 때문입니다. 그래서 자녀를 사랑하는 마음은 똑같은데도 불구하고 어떤 아이는 좀 더 자주 꾸중을 하게 되고 어떤 아이는 좀 더 자주 칭찬하게 되는 일이 생깁니다. 원인이 있어서 꾸중을 듣는 것이고 칭찬을 듣는 것이지만, 아이 입장에서 볼 때는 편애의 의혹이 생길 수 있으므로 이런 점에 주의해야 합니다.

물음 6

형제 간의 우애를 좋게 하는 방법에는 어떤 것들이 있을까요?

언니가 동생을 도와주도록 하는 것도 하나의 방법입니다. 그렇게 함으로써 언니의 권위를 세우고 편애에 대한 의심을 떨쳐 버리게 할 수 있을 뿐 아니라 엄마의 힘을 덜 수도 있습니다. 예를 들면 아이들이 공부하다가 잘 모르는 문제가 있을 때 모든 아이가 다 엄마에게 들고 오면 힘이 들어서 짜증이 날 때가 있습니다. 그럴 때는 작은 아이가 모르는 것은 큰 아이가 가르쳐 주도록 하고 두 아이를 다 칭찬해 주십시오. 이를 통해 둘 사이의 우애가 더 깊어질 것입니다.

묵상

창세기 37장 2~4절을 읽어보세요.

"야곱의 약전이 이러하니라 요셉이 십칠 세의 소년으로서 그 형제와 함께 양을 칠 때에 그 아비의 첩 빌하와 실바의 아들들로 더불어 함께하였더니 그가 그들의 과실을 아비에게 고하더라 요셉은 노년에 얻은 아들이므로 이스라엘이 여러 아들보다 그를 깊이 사랑하여 위하여 채색 옷을 지었더니 그 형들이 아비가 형제들보다 그를 사랑함을 보고 그를 미워하여 그에게 언사가 불평하였더라"(창 37:2~4)

본문은 자녀를 양육하는 문제에 대해 어떤 교훈을 줍니까?

적용

1. 본 과를 통해 새롭게 깨달은 점은 무엇입니까?

2. 본 과를 공부한 후 당신이 적용할 수 있는 일은 어떤 것들입니까?

제6과

정직과 신뢰

이야기

선진이는 피아노를 배우고 있다. 하지만 피아노 연습을 하는 것은 좋아하지 않는다. 밖에서 친구들하고 놀고 싶은 생각 때문이다. 하루는 엄마가 시장 가신 새에 하루에 세 번 연습하기로 되어 있는 것을 한 번씩만 연습하고 놀러 나갔다. 그리고는 저녁 때 집에 돌아왔을 때 엄마가 피아노 연습을 다 했느냐고 물으시자 그렇다고 대답했다.

물음 및 점검

물음 1

당신의 자녀가 거짓말한다고 느낀 적이 있습니까?

부정직은 거짓말만을 의미하는 것이 아닙니다. 눈가림을 하려는 마음이나 자세도 거짓된 마음, 곧 부정직입니다. 어떤 사실을 은폐하려는 시도도 역시 부정직입니다. 인간은 자기를 좋게 보이려고 하는 본성적 욕구가 있는데 실제가 그것을 따라가지 못할 때 부정직하게 됩니다.

물음 2

아이들이 거짓말을 하는 이유는 무엇이라고 생각합니까?

아이들이 거짓말하는 가장 큰 이유는 두려움일 것입니다. 자기의 잘못이 알려지면 야단을 맞을 것이 두려워서 거짓말하는 것이 그 최초의 동기입니다. 누구나 자신의 잘못을 숨기고 싶을 테니까요. 따라서 실수조차도 지나칠 정도로 심하게 꾸중하는 가정의 아이들일수록 부모에게 거짓말을 하기 쉽습니다. 혹은 아이에 대한 부모의 욕심이 지나쳐서 아이에게 너무 많은 것을 요구하는 경우에도 거짓말을 하기 쉽습니다.

물음 3

자녀가 거짓말을 했다는 사실을 알았을 때는 어떻게 하면 좋을까요?

아이들이 거짓말하는 이유를 이해한다고 해도 그것을 그대로 두어서는 안 됩니다. 자녀로 하여금 거짓말을 하게 하는 원인을 제거하는 것은 부모의 할 일이지만, 자녀 자신도 거짓말을 하거나 부정직한 태도를 가지지 않도록 따뜻하면서도 엄하게 가르쳐야 합니다.

물음 4

아이에게 거짓말하는 것이 옳지 않은 이유를 어떻게 설명하면 좋을까요?

거짓말이 나쁘다는 것을 모르는 사람은 없을 것입니다. 그러므로 아이가 거짓말을 했을 때 그것이 나쁘다는 것을 설명하기보다는 반대로 그것이 왜 나쁜지 아이 스스로 이야기하게 하는 것이 좋습니다. 또는 아이에게 거짓말을 하면 어떤 결과가 생길지에 대해 물어보고 아이로 대답하게 하는 것도 하나의 방법입니다. 또는 거짓말을 하는 사람에 대해서 어떻게 생각하는지 물어볼 수도 있습니다. 이런 질문들을 통해 아이가 정직한 사람만이 사랑과 신뢰를 받을 수 있다는 사실을 깨닫도록 해주고 그렇게 살도록 격려해야 합니다.

물음 5

자녀와의 약속을 어긴 일이 있습니까?

"이번 시험에 90점 이상 맞으면 놀이동산에 데리고 갈게"하고 약속하고는 잊어버렸거나 바쁘다는 핑계로 계속해서 뒤로 미루고 있지는 않습니까? 때때로 약속을 그대로 지킬 수 없는 사정이 생기기도 하겠지만 약속을 지키지 않는 것도 일종의 거짓말 혹은 부정직입니다.

물음 6

당신은 아이와의 약속을 어겼을 때 어떻게 합니까?

부모가 자녀에게 약속을 지키지 못했거나 잘못을 했다면 변명하려고 하지 말고 잘못을 인정하며 사과해야 합니다. 그러나 그것보다 중요한 것은 약속을 지키는 것이고 약속을 지키려고 최선을 다하는 것입니다.

물음 7

자녀를 정직한 사람으로 키우려면 어떻게 해야 할까요?

자녀는 부모를 닮습니다. 단지 모습만 닮는 것이 아니라 인상까지 닮기 때문에 아이는 자랄수록, 어른은 나이가 들수록 부모와 닮아 보입니다. 인상은 그 사람이 품는 생각이나 삶을 살아가는 태도에 의해 결정됩니다. 그러므로 인상이 닮는다는 것은 생각과 삶을 사는 태도가 닮는다는 것입니다. 정직하고 진실한 사람은 그러한 삶을 중요하게 여기고 그렇게 살아가는 부모에 의해 양육됩니다.

묵상

창세기 27장 19~24절과 37장 31~35절을 읽으세요.

"야곱이 아비에게 대답하되 나는 아버지의 맏아들 에서로소이다… 이삭이 가로되 네가 참 내 아들 에서냐 그가 대답하되 그러하나이다"(창 27:19, 24)

"그들이 요셉의 옷을 취하고 수염소를 죽여 그 옷을 피에 적시고 그 채색 옷을 보내어 그 아비에게로 가져다가 이르기를 우리가 이것을 얻었으니 아버지의 아들의 옷인가 보소서 하매 아비가 그것을 알아보고 가로되 내 아들의 옷이라 악한 짐승이 그를 먹었도다 요셉이 정녕 찢겼다다 하고 자기 옷을 찢고 굵은 베로 허리를 묶고 오래도록 그 아들을 위하여 애통하니"(창 37:31~35)

본문은 자녀를 양육하는 문제에 대해 어떤 교훈을 줍니까?

적용

1. 본 과를 통해 새롭게 깨달은 점은 무엇입니까?

2. 본 과를 공부한 후 당신이 적용할 수 있는 일은 어떤 것들입니까?

제7과

독립심과 반항심

이야기

승호는 매사에 자기 스스로 하는 일이 없다. 심지어 일기를 쓸 때도 "엄마, 일기에 뭐라고 쓸까요?" 하고 물으며 엄마에게 도와달라고 조른다.

물음 및 점검

물음 1

당신의 자녀를 승호와 비교해 보세요.

물음 2

당신의 자녀가 당신에게 도움을 청하는 일들은 어떤 것입니까? 그것은 모두 당신이 도와주어야 할 것들입니까? 아니면 이제는 혼자서 해결하도록 격려해야 할 일들입니까? 한 가지씩 점검해 보세요.

자녀를 양육하는 것은 어떤 의미에서 자녀를 떠나보내는 훈련을 하는 것이라고 말합니다. 부모인 당신이 자녀 스스로 일을 해결하는 힘을 길러 주지 않으면 그들은 나이가 들어도 성숙한 사람이 될 수 없습니다. 성숙한 사람이라면 독립적으로 사고하고 행동하며 그것에 대해 책임을 질 줄 알아야 합니다.

물음 3

당신은 아이가 스스로 해야 할 일의 범위를 축소하고 있는지도 모릅니다. 다음 몇 가지를 점검해 보십시오. 아래의 각 항목들을 자녀 스스로 하도록 하고 있습니까?

1) 책가방 챙기기

2) 숙제하기

3) 아침에 늦지 않게 일어나기

4) 소풍갈 때, 혹은 캠핑갈 때 필요할 물품 챙기기

5) 옷 갈아입기

물음 4

당신은 현재 자녀의 독립심을 길러 주기 위해 어떤 노력을 기울이고 있습니까?

독립심을 길러 주어야 한다는 사실을 알고 그래야 할 필요성을 느끼면서도 막상 그렇게 훈련하기는 쉽지 않습니다. 요즈음은 자녀의 수가 많지 않아서 자녀를 도와줄 수 있는 손이 남기 때문에 자녀가 어려움에 부딪치게 되면 달려가서 돕고 싶은 것이 부모의 마음입니다. 그러므로 자녀를 훈련하기 전에 먼저 자신을 훈련하는 마음이 필요합니다. 아이로 하여금 힘든 일에 부딪치도록 하고, 그 일을 스스로 해결하도록 격려하십시오. 그리고 아이가 그 일을 해냈을 때 함께 기뻐해 주십시오. 아이가 해낸 일의 질이 얼마나 훌륭하냐는 것보다 해냈다는 사실에 관심을 기울이는 것이 중요합니다. 어떤 일들에 부딪쳐 보고 해결하는 훈련을 통해 점차 부모의 도움 없이도 혼자서 스스로 일하는 데 대한 자신감을 키워갈 것입니다.

물음 5

자녀가 당신에게 반항한 적이 있습니까?

물음 6

당신의 자녀가 "저는 엄마 같은 부모가 되지 않을 거예요!" 하고 소리친다면 어떻게 하겠습니까?

이런 말을 듣고 섭섭하지 않을 부모는 없을 것입니다. 섭섭함에서 그치지 않고 노여운 마음이 생길 수도 있습니다. 그렇게 되면 대개의 부모는 아이에게 소리를 지르며 화를 낼 것입니다. 그러나 이런 경우에는 우선 못 들은 체하고 있다가(아마도 아이는 밖으로 나가 버릴 것입니다. 이 경우 아이를 따라가지 말고 그냥 두는 게 좋습니다) 서로의 감정이 누그러졌을 때, 혹은 잠자리에 들기 전에 아이에게 가서 "우리 지현이는 이다음에 커서 어떤 엄마가 될래?" 하고 물어 보세요. 엄마가 자신의 말을 되받아서 화를 내고 야단을 치지 않았다는 것만으로도 아이는 이미 자신이 했던 말에 대해 미안하게 생각하고 있을 것입니다. 그럴 때에 엄마가 다가가서 다정한 말투로 이런 질문을 한다면 아이는 안심하고 엄마와 이야기할 수 있을 것입니다. 아이의 이야기를 들은 후에 "그래, 꼭 그런 좋은 엄마가 되려무나. 하지만 아까처럼 엄마에게 소리 지르면 좋은 딸이 아니니까 앞으로는 그렇게 하지 마라. 엄마가 얼마나 섭섭했는지 알아? 미안하지? 용서해 줄께. 잘 자라" 하고 말하면서 아이를 위해 기도해 주는 엄마가 되어 보세요.

물음 7

독립심과 반항심의 차이는 무엇일까요?

부모로부터의 독립심과 부모에 대한 반항심은 둘 다 부모로부터 떠나는 것이지만 전자는 부모에 대한 사랑을 잃지 않은 채로 떠나는 마음이고 후자는 부모를 원망하면서 떠나는 마음입니다. 반항하는 시기를 거쳐야 독립심을 가지는 것이 아닙니다. 부모에게 반항하지 않고도 독립심을 기를 수 있습니다. 자녀로부터의 존경심을 잃지 않는 부모가 되도록 노력합시다.

묵상

히브리서 5장 12~14절을 읽으세요.

"때가 오래므로 너희가 마땅히 선생이 될 터인데 너희가 다시 하나님의 말씀의 초보가 무엇인지 누구에게 가르침을 받아야 할 것이니 젖이나 먹고 단단한 식물을 못 먹을 자가 되었도다 대저 젖을 먹는 자마다 어린 아이니 의의 말씀을 경험하지 못한 자요 단단한 식물은 장성한 자의 것이니 저희는 지각을 사용하므로 연단을 받아 선악을 분변하는 자들이니라"(히 5:12~14)

본문은 자녀를 양육하는 문제에 대해 어떤 교훈을 줍니까?

적용

1. 본 과를 통해 새롭게 깨달은 점은 무엇입니까?

2. 본 과를 공부한 후 당신이 적용할 수 있는 일은 어떤 것들입니까?

제8과

예절

이야기

방실이는 초등학교 2학년이다. 성격이 활달해서 친구들과 잘 어울리는 편이며 집에 놀러 오는 친구도 많다. 방실이가 친구들을 집으로 데리고 왔을 때 대부분의 아이들은 방실이 엄마가 내다보면 인사를 하고 방실이 방으로 들어가는데, 간혹 인사를 하지 않고 눈을 떨군 채 방으로 들어가는 아이도 있다. 많은 아이들이 집에 돌아갈 때는 그저 자기들끼리만 인사하고 가는데, 어떤 아이는 꼭 방실이 엄마에게도 인사를 하고 간다.

물음 및 점검

물음 1

당신의 자녀는 위의 세 부류의 아이들 중 어떤 부류에 속한다고 생각합니까?

물음 2

자녀에게 이웃집이나 친구 집에 갔을 때의 예절을 가르친다면 어떤 것들을 가르치겠습니까?

물음 3

아이들이 친구 사이에 지켜야 할 예절은 어떤 것들일까요?

예절이란 반드시 웃어른께만 지키는 것이 아닙니다. 동년배의 친구들 사이에도 지켜야 할 예절이 있습니다. 어려서부터 이런 점들을 가르친다면 어른이 되었을 때의 대인 관계를 훨씬 부드럽게 해줄 뿐 아니라 신뢰를 받을 수 있는 사람으로 인정받게 될 것입니다. 약속 지키기, 서로 욕하지 않기, 뒤에서 흉보지 않기, 싫어하는 별명 부르지 않기, 고마울 때 고맙다는 말하고 미안할 때 미안하다는 말하기, 힘든 일이 있을 때 도와주기 등 친구들 사이에도 서로의 인격을 존중하도록 훈련해야 합니다.

물음 4

아이에게 선생님에 대하여 지켜야 할 예절을 가르친다면 어떤 것들을 가르치겠습니까?

선생님은 단지 웃어른일 뿐 아니라 가르치고 이끌어 주시는 분입니다. 그러므로 무엇보다도 그분을 존경하는 마음을 가지는 것이 중요한 예절입니다. 인사하기, 숙제를 성실하게 해 가기, 공책이나 일기장을 깨끗하게 사용하고 정성껏 글씨 쓰기, 심부름 잘 하기, 존대어 사용하기, 흉보거나 불평하지 않기 등은 선생님을 존경하는 마음에서부터 출발하도록 해야 하며 눈가림만 하는 식으로 선생님을 대하지 않도록 지도해야 합니다.

물음 5

자녀가 부모인 당신에게 지키기를 기대하는 예절은 어떤 것들입니까?

부모와 자녀 사이처럼 아무리 가까운 사이라 해도 지켜야 할 예절이 있습니다. 존대어를 사용하는 것은 부모에 대한 예절 중의 하나입니다. 자녀가 아직도 부모에게 존대어를 사용하지 않는다면 이제부터라도 훈련하십시오. 격의 없이 가깝게 지내는 것과 예절을 무시하는 것은 다른 일입니다.

부모의 말에 순종하기, 거짓말하지 않기, 들어오고 나갈 때 인사하기, 큰 소리를 지르며 맞서지 않기, 식사 시간에 기다리기, 감사의 마음이나 미안한 마음을 말이나 그 밖의 적절한 방법으로 표현하기, 원망하거나 불평하지 않고 자신의 생각을 공손하게 말하기 등의 부모에 대한 예절을 지키는 데 있어서 존댓말을 사용하는 것은 큰 도움이 됩니다. 그리고 당신이 부모로서 자녀에게 예절을 기대하는 것만큼 당신도 자녀를 존중해야 합니다.

물음 6

자녀에게 예절을 가르쳐야 하는 이유는 무엇일까요?

예절의 근본정신은 다른 사람을 존중하는 마음이며 그것은 모든 대인관계의 기초입니다. 어떤 사람이 나이가 많건 적건, 사회적으로 존경을 받을 만한 사람이건 그렇지 않건, 안면이 있는 사람이건 그렇지 않건, 자기에게 유익을 가져다주는 사람이건 관계가 없는 사람이건, 정신적 혹은 신체적으로 불구인 사람이건 건강한 사람이건 간에 사람을 대할 때는 상대방을 한 인격체로서 존중해야 합니다. 다른 모든 가르침과 마찬가지로 예절도 부모가 모범을 보일 때 자녀들은 가장 잘 배울 수 있습니다. 그러므로 당신 자신이 먼저 모든 사람은 하나님의 형상을 닮은 존재이며, 하나님이 창조하시고 사랑하시는 대상이라는 사실을 기억해야 합니다.

묵상

잠언 9장 10~12절을 읽으세요.

"여호와를 경외하는 것이 지혜의 근본이요 거룩하신 자를 아는 것이 명철이니라 나 지혜로 말미암아 네 날이 많아질 것이요 네 생명의 해가 더하리라 네가 만일 지혜로우면 그 지혜가 네게 유익한 것이나 네가 만일 거만하면 너 홀로 해를 당하리라"(잠 9:10~12)

본문은 자녀를 양육하는 문제에 대해 어떤 교훈을 줍니까?

적용

1. 본 과를 통해 새롭게 깨달은 점은 무엇입니까?

2. 본 과를 공부한 후 당신이 적용할 수 있는 일은 어떤 것들입니까?

용돈 훈련

이야기

호현이는 올해 3학년이다. 호현이는 작년부터 엄마한테 용돈을 받아쓰고 있는데 액수가 적다고 불평하는 일이 자주 있다. 호현이 엄마는 아이를 위해 충분한 간식을 마련해 주고 있기 때문에 용돈을 많이 줄 필요가 없다고 생각한다. 하지만 호현이는 친구들이 마음껏 군것질하는 것을 보면 부럽다는 생각이 든다.

물음 및 점검

물음 1

당신은 자녀에게 용돈을 어떤 방법으로 얼마나 주고 있습니까?

자녀에게 용돈을 주기 시작할 때는 자녀를 양육하는 부모로서 책임감을 가져야 합니다. 용돈을 주는 방법이나 액수를 정하는 것은 자녀의 연령과 훈련의 정도에 따라 달라져야 하며, 다른 가정의 예에 따라 좌우되어서는 안 됩니다. 당신의 자녀는 당신이 양육해야 합니다. 아이가 어느 정도 훈련이 될 때까지는 일주일 단위로 용돈을 주는 것이 좋을 것입니다. 하루

하루 주는 돈은 용돈으로서의 의미가 거의 없습니다.

물음 2

당신이 자녀에게 용돈을 주는 이유는 무엇입니까?

용돈은 아이가 달라고 해서 주는 것이 아니라 일정한 연령이 된 자녀에게 경제생활을 가르치기 위해 주어지는 것이어야 합니다. 자녀에게 용돈을 주는 목적은 돈을 사용하는 데 있어서의 계획성과 절제력을 가르치고 훈련하는 것입니다.

물음 3

당신의 자녀는 용돈에 대해 만족합니까? 혹은 불평하는 일이 있습니까? 불평할 때는 어떻게 대처합니까?

용돈의 액수를 정할 때는 자녀가 한 주 동안 쓰는 돈의 쓰임새와 액수를 어느 정도 파악한 후에 자녀와 함께 정하는 것이 좋습니다. 기간은 일주일 혹은 한 달 단위로 하고, 용돈으로 필요한 학용품과 그 외에 자기가 사고 싶은 것을 사고 나서 남은 것은 저축하게 합니다.

계획성 있게 쓰지 못하고 다음 용돈을 받기 전에 다 써버렸다고 하여 자꾸 다시 주면 용돈으로서의 의미가 없게 됩니다. 자기보다 더 많은 용돈을 타서 쓰는 친구들 이야기를 하면서 불평하는 아이들도 있을 것입니다. 그럴 때는 무조건 야단치거나 아이의 요구에 이끌리지 말고, "얘, 만일 엄마가 쓰고 싶은 대로 돈을 다 써버리면 우리 집은 어떻게 될까? 엄마가 우리 집 한 달 수입 중에서 살림하는 데 드는 돈과 너희들 공부하는 데 필요한 돈, 다음에 큰 일이 있을 때 쓰려고 저축하는 돈 같은 것을 계획해서 쓰지 않으면 안 되는 것처럼 너도 한 달 동안 쓸 것을 생각하고 하루에 얼마 이상은 쓰지 않는다는 규칙을 세우고 써야 하지 않겠니? 나중에 네가 어른이 되어 살림을 할 때를 생각하고 지금부터 연습해야 되는 거야. 엄마는 네가 이제 4학년이 되었으니까 충분히 잘 할 수 있다고 생각해"라고 말하며 아이가 계획성을 가지고 돈을 사용할 것을 격려해야 합니다.

물음 4

당신의 자녀가 용돈을 사용하는 내역을 알고 있습니까? 얼마나 효과적으로 사용하고 있다고 생각됩니까?

부모는 자녀가 용돈을 어떤 일에 어떻게 사용하는지를 파악하고 있어야 합니다. 그래야 올바르게 지도할 수 있으며 자녀가 빗나가기 전에 바로잡을 수 있습니다. 이를 위해 자녀에게 용돈 기입장을 기록하도록 지도하는 것도 효과가 있을 것입니다.

물음 5

자녀가 용돈을 잘 사용하고 있다면 그것에 대해서 칭찬해 준 일이 있습니까?

자녀가 노력하여 성취한 일에 대하여는 칭찬을 아끼지 말아야 합니다. 가끔 보너스를 주어 잘 하는 일을 격려하는 것도 좋습니다.

물음 6

당신은 자녀에게 저축하는 것을 가르치고 있습니까? 당신의 자녀는 저축하여 모은 돈을 어떤 일에 사용합니까?

무조건 돈을 쓰지 않는 것만이 상책은 아닙니다. 필요한 물건은 사서 쓰도록 하고, 돈을 쓰는 것을 지나치게 두려워하지 않도록 해야 합니다. 저축하는 습관을 기르도록 하되 목표를 가지고 저축하도록 하면 저축하는 즐거움이 더 클 것입니다. 저축하여 모은 돈으로 자기뿐 아니라 이웃을 위해서도 사용하는 훈련을 하고 그로 인해 얻는 마음의 기쁨을 경험하도록 합시다.

물음 7

당신 자신이 가정에서 돈을 사용하는 데에는 어떤 기준이나 규칙이 있습니까?

경제생활도 역시 부모를 통해서 배웁니다. 남의 돈을 빌려 쓰는 것을 대단치 않게 생각하는 부모는 자녀의 미래를 망치고 있는 것입니다. 그리스도인들은 돈을 사용하는 데에도 훌륭한 청지기가 되어야 합니다.

묵상

누가복음 15장 11~14절을 읽으세요.

"또 가라사대 어떤 사람이 두 아들이 있는데 그 둘째가 아비에게 말하되 아버지여 재산 중에서 내게 돌아올 분깃을 내게 주소서 하는지라 아비가 그 살림을 각각 나눠 주었더니 그 후 며칠이 못되어 둘째 아들이 재물을 다 모아 가지고 먼 나라에 가 거기서 허랑방탕하여 그 재산을 허비하더니 다 없이 한 후 그 나라에 크게 흉년이 들어 저가 비로소 궁핍한지라"(눅 15:11~14)

본문은 자녀를 양육하는 문제에 대해 어떤 교훈을 줍니까?

적용

1. 본 과를 통해 새롭게 깨달은 점은 무엇입니까?

2. 본 과를 공부한 후 당신이 적용할 수 있는 일은 어떤 것들입니까?

제10과

사춘기

이야기

"5학년인 우리 아이가 오늘 학교에서 『나도 이젠 아기가 아니에요』라는 제목의 책을 받아왔어요. 아이가 텔레비전을 보고 있는 사이에 내용을 들추어 보니까 사춘기에 대한 것이었어요. 최근에는 과거에 비해 아이들이 신체적으로 빨리 성숙한다고 하더니 이제 교육부에서도 학교를 통해 성교육을 하는가 봐요. 글쎄, 너무 빠르지 않을까요?"

물음 및 점검

물음 1

당신은 자녀가 남자로서, 혹은 여자로서 성숙하고 있는 부분들에 대해 그들과 이야기를 나눈 적이 있습니까? 아니면 그런 이야기를 하기에는 아직 어리다고 생각합니까?

요즘의 아이들은 충분한 영양을 섭취하는데다가 외부로부터의 환경적 영향 때문에 과거에 비해 신체적으로 빨리 성숙합니다. 그래서 정신적으로는 아직 사춘기에 도달하지 않은 아동기에 신체적인 사춘기가 먼저 찾

아오는 경우가 늘어났습니다. 초등학교 3학년 때 벌써 가슴이 나오기 시작하는 여아들이 적지 않습니다. 아이들은 자기도 엄마처럼 어른이 되어 간다는 사실을 신기해하기도 하고 흥분하기도 합니다. 그런 때에 부모가 "넌 참 이상하다. 조그만 애가 벌써 젖이 나오다니"하는 반응을 보이면 아이는 발달하는 신체에 대해 수치심을 가질 수도 있습니다. 따라서 아이가 자라고 있다는 사실을 함께 신기해하며 기뻐하는 태도를 보이는 것이 좋습니다.

물음 2

당신의 자녀가 "엄마, 사춘기가 뭐예요?" 하고 묻는다면 어떻게 대답하면 좋을까요?

사춘기란 문자 그대로 '봄을 생각하는 시기' 입니다. 봄에는 대부분의 식물들이 꽃을 피우고 동물들은 짝짓기를 하지요. 사춘기는 성인이 되기 전인 청소년기에 신체적으로 성적 기관이 발달하면서 제2차 성징이 나타나는 시기를 말하며, 자연히 이 시기에는 이성에 대한 관심이 많아집니다. 다시 말하면 이 시기에 아이들은 이다음에 어른이 되었을 때 짝을 이루고 살 이성을 그리워하게 되는 것입니다. 사춘기가 무엇인지 묻는 아이들에게는 '어른이 될 준비를 하는 시기' 라고 말해 주면 간단하고도 좋은 대답이 될 것입니다.

물음 3

당신은 부모로서 아이에게 성교육을 하는 것이 필요하다고 생각합니까?

'성교육' 이란 말을 들으면 우리는 어쩐지 부자연스럽고 편안하지 않은 느낌이 듭니다. 그러나 '성교육' 은 본래 남성 혹은 여성으로서의 자신을 긍정적으로 받아들이고, 장래 행복한 결혼생활을 하기 위해 자신을 순결하게 지키기 위한 교육을 말하는 것이므로 아주 자연스러운 것이고 또한 필요한 것입니다. 그런데 성이란 말을 들으면 제일 먼저 연상되는 것이 성교이기 때문에 사람들은 성교육을 하는 것에 대해 편안치 못한 마음을 가지는 것입니다.

초등학교 수준에서는 아이들이 자기의 성적 정체성을 긍정적으로 받아들이게 하는 것이 중요합니다. 여아는 여자다운 면모를 발전시키면서 장래 멋진 남자와 결혼하게 될 것을 기대하게 하도록 하고, 남아에게는 그 반대의 것을 기대하게 하는 것이 필요합니다. 이런 말을 하는 이유는 최근에 동성애를 자연스런 인간의 성향 중 하나라고 가르치는 사람들이 늘어나고 있기 때문입니다. 우리 자녀들은 시대적 환경의 영향으로 그런 가르침을 별 거부감 없이 받아들이게 될지도 모릅니다.

아동들을 위한 성교육의 또 한 가지 부분은 성기를 깨끗하게 하고 귀중하게 간수해야 한다는 것을 가르치는 것입니다. 성기는 장차 엄마 혹은 아빠가 되기 위한 준비를 하는 곳이므로 귀중히 여겨야 하며, 따라서 성기를 불결하게 생각하거나 장난의 대상으로 생각해서는 안 된다고 가르쳐야 합니다.

물음 4

자녀에게 성교육을 한다면 언제, 어떤 내용을 가르치는 것이 좋을까요?

요즈음에는 초등학교 상급 학년이 되면 여자 아이들에게 생리가 시작되므로 생리가 시작되는 때를 기회로 위에서 언급한 성교육의 내용을 엄마와 함께 이야기하면 좋을 것입니다. 남자 아이들의 경우는 몽정을 할 때가 좋은 시기이지만 적절한 때에 포경 수술을 해주면서 아빠와 함께 이야기하게 하는 것도 좋습니다.

물음 5

초등학교에 다니는 자녀가 학급 문고에서 음란 만화를 빌려왔다면 어떻게 하는 것이 좋을까요?

오늘날 자본주의적 물질문명 사회는 사람들의 영혼에 관한 문제에는 관심이 없습니다. 아동기 어린이들을 자극해서라도 오로지 돈을 버는 것을 최고의 목표로 삼고 있는 사람들이 많습니다. 어린이들이 좋아할 만한 인물이나 책의 이름을 변형하여 그 속에 음란 만화를 담아서 팔기도 합니다. 그런 책들이 집에 굴러다니는 것을 어린이들이 발견하면 그저 만화라는 사실 때문에 학교에 학급 문고로 가져가기도 합니다. 이런 것들은 일차적으로 담임선생님이 발견하여 걸러야 하겠지만 미처 발견하지 못한 채로 아이들 사이에서 돌려지는 일이 있을 수 있습니다. 혹은 학급 문고로서가 아니라 아이들 사이에서만 돌려 보는 책이 될 수도 있지요.

어떤 경우이든 아이가 보는 책 중에 그런 그림들이 자주 나오는 만화가 있다면 즉시 그 책을 보는 것을 중지하도록 해야 합니다. "얘야, 이 책은 엄마가 생각하기에 좋지 않은 책인 것 같다. 책이라고 다 좋은 것은 아니라는 건 너도 잘 알고 있지? 어떤 책은 사람의 영혼을 더러운 그림으로 물들게 하기도 한단다. 엄마는 너의 영혼이 더러운 그림으로 물들지 않기를 바란다. 하지만 만화책이라고 해서 다 그런 것은 아니잖니? 좋은 만화책을 골라서 보도록 하고 이 책은 봉투에 넣어서 돌려주도록 해라. 그리고 그 아이에게도 이런 책을 읽지 않는 것이 좋다고 말해 주렴." 이렇게 말하면 아이도 이해할 것입니다. 그 책이 학급 문고일 경우에는 담임선생님께 간단한 편지와 함께 보내 드리면 좋을 것입니다.

꼭 이런 일들이 있을 것을 대비해서가 아니더라도 부모는 자녀들이 읽는 책들이 어떤 것인지, 그 내용은 무엇을 다루고 있는지 정도는 알고 있어야 합니다. 자녀들이 읽는 책은 자녀의 생각을 이끌어 주는 중요한 역할을 하는 것이기 때문입니다. 자녀를 양육하는 부모는 자녀들의 사고가 어떻게 성숙해 가는지 관심을 가지고 돌봐야 하고 그러는 과정에서 자녀와 많은 대화의 시간을 가지는 것이 필요합니다. 자녀들이 읽는 책이 어떤 것인지 아는 것은 대화의 폭과 깊이를 더하기 위해 필요합니다.

물음 6

텔레비전이나 비디오에서 두 남녀가 서로 사랑의 표현을 하는 장면이 나오면 당신은 어떤 태도를 취합니까?

아동기 어린이들을 위해 만들어진 동화나 만화영화에도 젊은 남녀의 사랑의 이야기는 얼마든지 많이 나옵니다. 그런 이야기들을 통해 아이들은 자신들도 어른이 되면 사랑하는 사람을 만나 결혼하게 될 것이라는 사실을 받아들이게 됩니다. 그런 이야기들 중에 서로 사랑의 표현을 하는 모습이 화면에 나타나면 정도의 차이는 있지만 어른이나 아이나 모두 성적으로 흥분하는 것이 당연합니다. 그런 때 아이들이 어색해할 때 "우리 진희는 나중에 어떤 사람을 좋아하게 될까?" 혹은 "우리 진희는 어른이 되면 어떤 사람이랑 결혼하게 될까?" 하고 한 마디 건넨다면 자연스러운 분위기로 바꾸는 데 도움이 될 것입니다. 그러나 남녀 간의 사랑을 주제로 만들어진 성인용 영상물은 아이들과 함께 보지 않는 것이 좋습니다.

묵상

창세기 1장 26~28절을 읽으세요.

"하나님이 가라사대 우리의 형상을 따라 우리의 모양대로 우리가 사람을 만들고 그로 바다의 고기와 공중의 새와 육축과 온 땅과 땅에 기는 모든 것을 다스리게 하자 하시고 하나님이 자기 형상 곧 하나님의 형상대로 사람을 창조하시되 남자와 여자를 창조하시고 하나님이 그들에게 복을 주시며 그들에게 이르시되 생육하고 번성하여 땅에 충만하라 땅을 정복하라 바다의 고기와 공중의 새와 땅에 움직이는 모든 생물을 다스리라 하시니라"(창 1:26~28)

본문은 자녀를 양육하는 문제에 대해 어떤 교훈을 줍니까?

적용

1. 본 과를 통해 새롭게 깨달은 점은 무엇입니까?

2. 본 과를 공부한 후 당신이 적용할 수 있는 일은 어떤 것들입니까?

제11과

신앙교육

이야기

김 집사님 댁은 내외가 모두 교회 일에 열심이다. 내외 모두 성가대원이고 김 집사님은 중등부 교사도 하고 있다. 집사님 댁의 아이 둘은 모두 남자아이인데 초등학교 4학년, 6학년이다. 그런데 어느 날 김 집사님은 같이 성가대를 하고 있는 아동부 교사로부터 아들들이 아동부 예배 시간에 다른 아이들에 비해 많이 떠든다는 이야기를 들었다.

물음 및 점검

물음 1

당신은 가정에서 자녀를 위해 어떤 방법으로 신앙교육을 하고 있습니까?

하나님은 자녀의 신앙교육을 다른 어떤 기관에 맡기지 않으시고 먼저 부모에게 맡기셨습니다. 그러므로 자녀의 신앙교육에 대한 일차적 책임은 교회학교 교사들이 아닌 부모에게 있습니다. 자녀에게 하나님의 말씀을 부지런히 가르쳐서 배우게 하는 것은 하나님이 부모에게 주신 책임입니다(신 4:9~10, 6:6~7).

신앙교육은 먼저 부모가 하나님을 진실한 마음으로 섬기고, 틈나는 대로 성경 읽고 기도하고 찬송하는 등의 모범을 통해 자녀들이 신앙의 중요성을 보고 배우게 하는 것입니다. 다음으로는 실제로 자녀들에게 성경을 읽어 주거나 읽게 하고 그 뜻을 가르쳐 주는 것입니다. 집안의 적당한 곳에 성경말씀을 적어서 붙여 두는 것도 필요합니다. 그리고 무엇보다 성경이 가르치는 대로 살려고 힘써야 합니다. 부모의 모범보다 더 좋은 방법은 없습니다.

물음 2

당신의 가정은 가정예배를 드립니까? 드린다면 어떤 방법으로 드리고 있습니까?

자녀가 어리다면 아이가 즐거운 마음으로 가정예배에 참여할 수 있도록 하는 것이 좋습니다. 그렇다고 해서 예배에 임하는 자세가 흐트러지는 것을 방관해서는 안 됩니다. 비록 가정에서 가족들끼리 드리는 예배라고 하더라도 예배는 하나님 앞에 드리는 것임을 상기시켜야 합니다. 그리고 아이도 기도나 성경 읽기에 함께 참여하도록 하는 것이 바람직합니다. 돌아가면서 기도하고 성경을 읽는 것도 하나의 방법이 될 수 있겠지요. 예배시간이 지루하게 길지만 않다면 대부분의 아이들은 부모와 함께 예배드리는 것을 좋아할 것입니다. 아빠가 신앙생활을 하지 않는 가정이라면 최소한 엄마만이라도 아이와 함께 날마다 기도하는 것을 잊어서는 안 됩니다.

물음 3

당신 자녀의 교회생활에 관하여 자녀의 주일학교 담임교사와 이야기를 나눈 일이 있습니까?

자녀의 학교생활에 관해서는 많은 관심을 가지고 담임교사를 찾아가 보는 부모가 많지만 주일학교 교사를 찾아가 교회생활에 대해 알아보고 상담하는 부모는 많지 않습니다. 그런데 의외로 교회 직분자의 자녀들 중에 바른 자세로 예배에 임하지 않는 아이들이 많습니다. 다른 아이들에 비해 교회나 주일학교 교사를 어려워하지 않기 때문일 수도 있지만, 그로 인하여 예배에 방해되는 행동을 하는 것이 용납되어서는 안 됩니다. 자녀들에게 예배에 임하는 자세와 주일학교 교사를 대하는 예절을 바르게 가르쳐야 합니다.

물음 4

자녀와 함께 교회에서 있었던 일에 대해 종종 이야기를 나누는 편입니까?

자녀와 함께 교회에서 있었던 일에 대한 이야기를 하는 것은 그만큼 자녀의 교회생활에 관심이 있다는 것을 보여 줍니다. 예배 시간이나 분반 공부 시간에 있었던 일, 설교나 성경공부의 내용, 교회 친구에 관한 이야기 등을 나누는 것은 자녀의 신앙에 대한 부모의 관심이며 자녀와 가까워지는 중요한 방법입니다.

물음 5

당신의 자녀는 어떤 방법으로 헌금을 합니까? 부모에게 받아서 합니까, 아니면 자신이 준비해서 합니까?

어려서부터 미리 준비하여 헌금하는 것을 가르쳐야 합니다. 용돈을 줄 때 헌금할 금액이 포함된 액수를 주어 최소한 얼마의 헌금은 하도록 하고 자유롭게 더 많이 할 수도 있다는 것도 가르쳐서 스스로 헌금하도록 하는 것이 좋습니다.

물음 6

당신은 스승의 날이나 그 외 다른 기회에 교회학교 교사에게 선물을 합니까?

그리스도인 부모는 자녀가 주일학교 교사를 학교의 담임교사와 마찬가지로 존경하도록 가르쳐야 하고 교사에 대한 감사의 표현도 똑같게 해야 합니다. 그것은 부모가 자녀의 학업 못지않게 신앙도 중요하게 여긴다는 것을 보여 주는 가르침입니다. 가정예배 시간에 자녀를 가르치는 교사를 위한 기도도 잊지 않도록 하세요. 주일학교 교사는 보수도 없이 당신과 함께 자녀의 신앙교육을 위해 동역하는 사람입니다.

묵상

사무엘상 2장 29절~30절을 읽으세요.

너희는 어찌하여 내가 나의 처소에서 명한 나의 제물과 예물을 밟으며 네 아들들을 나보다 더 중히 여겨 내 백성 이스라엘의 드리는 가장 좋은 것으로 스스로 살찌게 하느냐 그러므로 이스라엘의 하나님 나 여호와가 말하노라 내가 전에 네 집과 네 조상의 집이 내 앞에 영영히 행하리라 하였으나 이제 나 여호와가 말하노니 결단코 그렇게 아니하리라 나를 존중히 여기는 자를 내가 존중히 여기고 나를 멸시하는 자를 내가 경멸히 여기리라(삼상 2:29~30)

본문은 자녀를 양육하는 문제에 대해 어떤 교훈을 줍니까?

적용

1. 본 과를 통해 새롭게 깨달은 점은 무엇입니까?

2. 본 과를 공부한 후 당신이 적용할 수 있는 일은 어떤 것들입니까?

제12과

아이들의 실수

이야기

나리네 학교에서는 오늘 동화 구연 대회를 했다. 1학년인 나리는 작년에 교회 노회에서 주최하는 동화 구연 대회에 참가하여 금상을 탔던 경험이 있어서 올해에는 학교에서 하는 대회에도 참가하겠다고 신청했다. 나리 엄마는 아이가 상을 타리라고 기대하고 미리 꽃을 사가지고 갔다. 그리고 나리에게 가장 예쁜 옷을 정성스레 다려 입혔다.

오후에 대회장에 가서 나리 차례가 되기를 기다리고 있던 나리 엄마는 단상에 올라온 나리의 옷차림에 신경이 쓰이기 시작했다. 옷이 구겨져 있고 리본은 비뚤게 달려 있었던 것이다. 게다가 나리는 작년같이 또렷한 목소리로 말하지 않았고 중간 중간 말이 끊기기도 했다.

잔뜩 기대하고 갔던 나리 엄마는 집에 돌아오는 길에 그만 아이에게 짜증을 내고 말았다.

"넌 옷이 그게 뭐니? 잘 다려 입혀 줬으면 엄마 공을 생각해서라도 깨끗이 입어야지. 그리고 목소리가 그거밖에 안 되니? 뒤에서는 하나도 안 들리더라. 하나도 실감도 안 나고. 엄마는 꽃까지 사가지고 갔는데 등수에도 못 들었으니. 아휴 창피해. 다시는 학교에 오나 봐라."

물음 및 점검

물음 1

당신이 만일 나리 엄마라면 대회가 끝나고 집에 오는 길에 아이에게 어떤 말을 했을까요?

자녀가 항상 부모의 마음에 들게, 기대에 꼭 맞추어서 행동할 것을 기대해서는 안 됩니다. 위의 이야기에 나오는 동화 구연 대회의 결과에 대해서 나리 역시 엄마 못지않게 실망하고 있을 것입니다. 이처럼 자녀가 실망하고 있을 때 부모도 함께 실망되는 것은 당연합니다. 그러나 그럼에도 불구하고 자녀를 격려해 주는 것이 부모의 할 일입니다. 그러니까 이런 때는 "나리야, 등수에 들지 않았다고 너무 실망하지 마라. 나리도 참 잘 했어. 그동안 연습하느라 수고했다. 다음번에는 우리 더 연습해서 멋지게 해보자. 나리가 상은 못 받았지만 엄마는 나리가 이런 대회에 나온 것만으로도 자랑스럽단다" 하고 말하면서 꽃다발을 준다면 아이가 얼마나 행복할까요! 자녀가 실망하고 있을 때는 위로하고 격려해 주는 것이 부모가 할 일입니다.

물음 2

아이가 음료수를 쏟거나 그릇을 깨뜨렸을 때 당신은 보통 어떻게 합니까?

만일 고의로 이런 일을 했다면 아주 크게 벌을 주어야 합니다. 그러나 대부분 이런 경우는 실수입니다. 그러므로 자녀를 야단치는 것보다 조심하도록 타이르면서 일을 처리해야 합니다. 초등학교에 다니는 아동기의 아이라면 깨진 그릇을 치우고 엎어진 물을 닦는 일은 직접 하도록 하는 것이 좋습니다. 실수를 꾸중할 필요는 없지만 이런 경우 실수에 대해 책임있는 행동을 하도록 가르치는 것이 필요합니다.

물음 3

아이가 학교에 준비물을 빠뜨리고 갔을 때는 어떻게 합니까?

학교에 준비물을 빠뜨리고 가는 것은 흔히 있을 수 있는 일입니다. 입학하고 얼마동안은 자녀가 준비물을 다 들고 가는지 함께 확인하는 것이 필요합니다. 그러나 얼마 후부터는 스스로 준비하도록 하고 "준비물은 다 들고 가니?" 하고 확인하는 정도로 발전시켜야 하고, 점차로 엄마가 묻지 않아도 스스로 확인한 후 학교에 가도록 훈련시켜야 합니다. 자녀가 초등학교 상급 학년이 되도록 모든 것을 다 챙겨 주는 부모는 훌륭한 부모가 아닙니다. 그러다가 간혹 준비물을 빠뜨리고 갔을 때는 사정을 참작하여 부득이했다고 생각되면 학교까지 가져다줄 수도 있습니다. 그러나 빠뜨리고 간 물건을 늘 가져다주는 것으로 알면 어떤 문제를 스스로 처리하려고 노력하지 않고 부모에게 의존하는 마음이 늘어갈 것입니다. 그러므로 자기가 부주의하여 빠뜨리고 간 사실에 대해서는 조용히 타이르는 선에서

그치는 것이 좋습니다. 왜 빠뜨리고 갔는지 묻거나 비난 섞인 말로 야단을 치는 것은 아무 소용이 없습니다. 그렇게 하는 것은 꾸중하는 부모에 대한 반항심과 일을 완벽하게 하지 못한 자기 자신에 대한 부정적인 인식만 길러 줄 것입니다.

물음 4

아이들이 같은 실수를 반복할 때는 어떻게 할까요?

예를 들어 컵을 자주 깨뜨리거나 자주 넘어지는 경우는 단순한 실수라고 생각하여 그대로 넘겨서는 안 됩니다. 어쩌다 실수를 하는 것과는 다르기 때문에 실수가 습관이 되지 않도록 주의를 환기시켜야 합니다. 그렇다고 하여 자주 실수하는 아이에게 야단을 치라는 뜻은 아닙니다. 주의를 환기시키는 방법의 하나로 잠깐 벌을 서도록 하는 것도 나쁘지 않지만, 아이가 어느 정도 자라면 벌을 세우는 방법보다는 "엄마는 네가 이렇게 자주 실수하는 것이 습관이 될까 봐 걱정이 된단다. 엎질러진 우유나 컵이 아까워서 그러는 게 아니라 네가 부주의한 사람이 될까 봐 걱정하는 것이니 앞으로 좀 더 조심성 있게 행동하도록 해라"라고 낮은 소리로 진지하게 타이르는 것이 효과적일 것입니다.

물음 5

초등학교에 다니는 당신의 자녀가 밤에 이부자리에 실수를 했을 때는 어떻게 합니까?

이런 종류의 실수는 될 수 있으면 엄마와 아이만의 비밀로 남겨 두고 덮어 주는 것이 좋습니다. 그렇게 하면 엄마에 대한 신뢰감이 증폭될 것입니다. 수치심에 대한 인식이 충분히 발달한 나이에 알려지지 않기를 바라는 실수 때문에 다른 사람들 앞에서 부끄러움을 당하는 것은 아이의 건전한 자아의식 발달에 심각한 지장을 가져옵니다. 이런 일이 생겼을 때는 당황하고 있을 아이가 너무 상심하지 않도록 아무렇지도 않은 일처럼 처리하고 나서 그 원인을 살피는 것이 무엇보다도 중요합니다. 단지 너무 피곤해서 실수한 것인지 아니면 다른 이유가 있는지 잘 파악하여, 아이의 근본적인 문제를 해결하기 위해 힘써야 할 것입니다. 입학한 직후의 새로운 생활에 대한 부적응, 새 학년이 된 긴장 혹은 새로 태어난 동생으로 인한 불만과 압력 등의 원인으로 인한 실수일 가능성도 있습니다.

물음 6

실수와 잘못된 행동은 어떻게 구별할 수 있습니까?

실수는 고의성이 없고 부주의로 일어난 일인 반면 잘못된 행동은 본인의 의식이 분명한 상태에서 의도적으로 행하는 것입니다. 그러므로 실수에 대해서는 기본적으로 관용을 베풀어야 하며 잘못된 행동은 엄하게 다스려야 합니다. 후자는 본인의 마음을 바로 잡으면 스스로 통제할 수 있는 일이기 때문입니다. 잘못된 행동은 관용의 대상이 아니라 징계의 대상입니다. 아이로 하여금 이러한 사실을 깨닫게 하지 못한다면 아이는 결코 바르게 자랄 수 없습니다.

묵상

고린도전서 13장 11절과 잠언 17장 9절을 읽으세요.

"내가 어렸을 때에는 말하는 것이 어린 아이와 같고 깨닫는 것이 어린 아이와 같고 생각하는 것이 어린 아이와 같다가 장성한 사람이 되어서는 어린 아이의 일을 버렸노라" (고전 13:11)

"허물을 덮어 주는 자는 사랑을 구하는 자요 그것을 거듭 말하는 자는 친한 벗을 이간하는 자니라"(잠 17:9)

본문은 자녀를 양육하는 문제에 대해 어떤 교훈을 줍니까?

적용

1. 본 과를 통해 새롭게 깨달은 점은 무엇입니까?

2. 본 과를 공부한 후 당신이 적용할 수 있는 일은 어떤 것들입니까?

제14부

청소년 자녀의 어머니를 위한 **훈련 교재**

제1과

청소년기의 특징과 발달 과제

이야기

"요즘 아이들이 다 그렇지요 뭐. 신발 질질 끌고 다니고 아무데서나 먹으면서 다니고, 어른을 봐도 인사할 줄 모르고, 꼬박꼬박 말대꾸는 빠지지 않고 하는 게 요즘 아이들 아닙니까?"

물음 및 점검 요점

물음 1

위의 이야기에 동의합니까? 당신이 생각하기에 청소년기의 특징은 무엇이라고 할 수 있겠습니까?

물음 2

당신은 자녀의 행동 중 특히 어떤 행동을 참기 어렵습니까?

자녀가 청소년이 되면 부모는 그동안 어린아이로 취급했던 자녀가 어느새 부쩍 큰 것을 발견하게 되고, 그에 따라 기대도 급격히 커집니다. 그런데 그에 비해 자녀의 행동은 별로 달라지지 않습니다. 게다가 소위 반항기를 거치면서 오히려 전보다 부모에게 순종하지 않을 때가 많아집니다. 이로 인해 청소년기는 부모와의 갈등이 가장 많은 시기가 됩니다.

물음 3

당신 자녀의 신체적 성숙도와 정신적 성숙도를 비교해 보세요. 전체 성숙도를 100으로 본다면 당신 자녀의 성숙도는 얼마로 표시할 수 있습니까?

1) 신체적 성숙도 :

2) 정신적 성숙도 :

청소년기를 거치면서 아이들은 신체적으로 급격히 성숙합니다. 또한 성적으로도 성숙하여 이제는 성인과 별 차이가 없게 됩니다. 사실 과거에는 사춘기라고 하는 말이 필요 없이 바로 이 시기에 결혼을 하고 성인으로 받아들여졌습니다. 이러한 사회적 환경은 정신적인 성숙을 촉진하는 역할을 했습니다. 그러나 오늘날은 교육기간이 길어지면서 지식은 많이 배우지만 정신적인 성숙은 과거에 비해 늦어지는 편입니다. 그것은 사회적인 자립이 정신적 성숙을 촉진하는 역할을 하기 때문입니다.

물음 4

당신의 자녀는 심리적으로 안정되어 있습니까? 아니면 불안과 긴장을 느낄 때가 많이 있습니까? 불안과 긴장을 느낀다면 그 원인은 무엇이라고 생각합니까?

청소년기는 여러 가지 면에서 급격한 변화가 있는 시기입니다. 따라서 이런 변화를 받아들이는 과정에서 정서적 불안을 경험하게 됩니다. 더구나 우리나라의 청소년들은 이 시기에 대학 입시라는 큰 짐도 함께 지고 가야 하기 때문에 상황이 더 악화되기도 합니다. 그러므로 청소년들의 이런 상황을 잘 알고 심리적 안정감을 갖도록 돕는 부모가 되어야 합니다.

물음 5

당신은 자녀가 청소년기를 거치면서 어떤 성인으로 성장하기를 바랍니까?

물음 6

물음 5에서 밝힌 당신의 자녀에 대한 소망과 비교해 볼 때 당신의 자녀는 특히 어떤 점에서 부족하다고 생각됩니까?

어떤 연령의 자녀라도 마찬가지이지만 이 시기에는 특히 부모의 인내가 필요합니다. 현재 당신의 자녀에게 부족한 점이 많이 있더라도 조급한 마음을 가지는 것은 전혀 도움이 되지 않습니다. 부족한 점이 있다면 성숙하도록 도와주고, 잘못된 점이 있다면 바로 잡아 주어야 합니다. 그리고 그러한 노력은 곧바로 행해져야 합니다. 그러나 조급한 마음은 자녀와의 갈등을 만드는 요인이 됩니다. 청소년이 된 지금까지 고쳐지지 않은 부분이나 잘못 형성된 부분을 바르게 하고 미성숙한 부분을 성숙하게 하는 데에는 분명히 시간이 걸릴 것입니다. 인내심을 가지고 자녀에 대한 소망을 잃지 말고 꾸준히 기도하는 부모는 마음의 소원을 이루게 될 것입니다.

묵상

고린도전서 13장 4절~7절을 읽으세요.

"사랑은 오래 참고 사랑은 온유하며 투기하는 자가 되지 아니하며 사랑은 자랑하지 아니하며 교만하지 아니하며 무례히 행치 아니하며 자기의 유익을 구치 아니하며 성내지 아니하며 악한 것을 생각지 아니하며 불의를 기뻐하지 아니하며 진리와 함께 기뻐하고 모든 것을 참으며 모든 것을 믿으며 모든 것을 바라며 모든 것을 견디느니라"(고전 13:4~7)

본문은 자녀를 양육하는 문제에 대해 어떤 교훈을 줍니까?

적용

1. 본 과를 통해 새롭게 깨달은 점은 무엇입니까?

2. 본 과를 공부한 후 당신이 적용할 수 있는 일은 어떤 것들입니까?

제2과

반항기

이야기

"엄마는 알지도 못하면서 참견하지 마세요. 제가 다 알아서 할 거에요. 제가 뭐 어린앤 줄 아세요? 나도 다 안다구요. 엄마나 잘 하고 사세요."

물음 및 점검 요점

물음 1

만일 당신의 자녀가 위의 이야기에 나오는 아이처럼 말한다면 당신은 어떻게 반응하겠습니까?

청소년기는 성인과 아이 사이를 왔다 갔다 하는 시기입니다. 어떤 때는 성인처럼 생각하고 행동하기도 하고 그러다가 어느 새 아이가 되기도 합니다. 그렇기 때문에 혼동이 오는 것은 부모만이 아니라 자녀 자신도 마찬가지입니다. 때로는 자신이 어른처럼 사리를 다 안다고 생각하기도 하고 때로는 어린애처럼 세상을 두려워하기도 합니다. 그래서 어떤 때는 위의 경우처럼 자신이 부모 못지않게 모든 것을 다 안다고 소리 지르다가도 어떤 때는 모든 것을 의존하는 아이가 되는 것이 청소년입니다. 그러므로 청소년기의 이런 특징을 이해하고 있어야 반항하며 소리 지르는 아이에 대해 덜 화가 날 것입니다.

물음 2

당신의 자녀는 주로 어떤 때 화를 냅니까?

자의식이 발달하는 청소년기에 자녀들은 자신이 성숙했다고 생각하기 때문에, 다른 사람 특히 부모의 간섭이나 강요를 참기 어려워합니다. 예를 들면 텔레비전을 끄고 공부하러 가려고 하다가도 부모가 먼저 그 일에 간섭했다는 사실 때문에 반발심이 생겨서 화를 내며 계속해서 텔레비전 볼 것을 고집하는 경우도 있습니다.

물음 3

당신은 자녀에게 강요하는 일이 없습니까?

자녀의 의도와 의사를 알아보거나 상황을 충분히 파악하지 않고 일방적으로 부모의 생각을 강요하는 것은 옳지 않습니다. 청소년기는 논리적인 사고가 발달하는 시기이기 때문에 이런 점에 대해 매우 민감합니다. 그래서 부모의 말에 꼬리를 달고 따지는 일이 많아지는 것입니다. 그러므로 자녀들이 부모의 말에 항의할 때 자신이 합리적으로 말했는지를 돌이켜 볼 필요가 있습니다. 만일 불합리하게 강요하는 태도를 취했다면 사과하십시오. 사과하는 것으로 부모로서의 권위가 손상되지는 않습니다. 오히려 자녀들은 그렇게 사과하는 부모를 존경할 것입니다. 그러나 자녀 역시 불합리하게 반발하는 경우가 있다는 것을 알아야 하며 그런 경우에는 자녀로 하여금 그것을 깨닫고 시인하도록 해야 합니다. 그러므로 서로 혈기를 부리지 않고 차분히 대화하는 자세를 배워야 할 것입니다. 자녀의 반발이 두려워서 꼭 필요한 권면을 거두어들이는 것도 잘못입니다.

물음 4

당신은 자녀의 일에 지나치게 간섭하지 않습니까? 주로 어떤 때 간섭하게 됩니까?

청소년기 자녀를 양육하는 부모들이 가장 주의해야 할 점 중의 하나는 간섭입니다. 간섭은 자녀가 청소년이 되기 전에도 물론 불필요한 것입니다. 간섭은 자녀의 자립정신을 질식시키고 의존적인 사람이 되게 하는 것입니다. 그런데도 부모가 자녀의 일을 간섭하는 것은 한편으로는 자녀에 대한 사랑때문이기도 하지만 다른 한편으로는 자녀를 독립된 인격으로서 존중하는 마음이 부족하기 때문입니다. 이제 청소년이 된 자녀를 일단 인

정해 주십시오. 사랑이 담긴 권면과 간섭은 구별될 수 있습니다.

물음 5

당신의 자녀가 당신의 권면을 받아들이는 때는 어떤 때입니까?

당신의 자녀가 항상 당신에게 반항하기만 한다면 당신과 자녀 모두에게 문제가 있는 것입니다. 그러니까 부모를 대하는 자녀의 태도가 먼저 달라져야 한다고 말하지 마십시오. 당신이 먼저 달라져야 합니다. 부모인 당신이 더 성숙한 사람이기 때문입니다. 자녀가 반항하거나 화를 낼 때 잠시 당신이 자녀를 사랑하는 마음이 전달될 수 있는 방법을 생각해 보십시오. 반드시 즉각적으로 반응해야만 하는 것은 아니니까요.

물음 6

자녀와 얼마나 자주 대화하는 시간을 가집니까? 대화의 주제는 어떤 것들입니까?

요즘 청소년기의 자녀들은 주로 학교에서 많은 시간을 보내기 때문에 부모와 대화하는 시간을 가지기가 쉽지 않습니다. 무심코 지내다 보면 하루 종일 간단한 몇 마디 말을 주고받는 것 외에는 서로를 볼 시간도 많지 않은 것이 오늘날 대학입시로 인해 시달림을 받는 학생들과 학부모들의 현실입니다. 그러니까 서로를 이해하는 폭이 점점 줄어들고 있는지도 모릅니다. 그러므로 부모로서 자녀를 이해하고자 하는 마음을 가지고 가능한 한 대화의 기회를 자주 가지려고 노력해야 합니다. 그리고 대화의 주제가 학업에 관한 것에 제한되거나 치우치지 않도록 해야 자녀들도 부모와 대화하는 것을 즐거워할 것입니다. 대화에 있어서 가장 중요한 것은 들어주고자 하는 마음이라는 사실도 잊지 마십시오.

묵상

에베소서 6장 4절과 잠언 18장 13절을 읽으세요.

"또 아비들아 너희 자녀를 노엽게 하지 말고 오직 주의 교양과 훈계로 양육하라" (엡 6:4)

"사연을 듣기 전에 대답하는 자는 미련하여 욕을 당하느니라" (잠 18:13)

본문은 자녀를 양육하는 문제에 대해 어떤 교훈을 줍니까?

적용

1. 본 과를 통해 새롭게 깨달은 점은 무엇입니까?

2. 본 과를 공부한 후 당신이 적용할 수 있는 일은 어떤 것들입니까?

제3과

성숙을 위한 훈련

이야기

"우리 아이는 버스를 타 본 적이 없어서 거기서부터 혼자서 오기가 힘들 거예요. 초등학교 때부터 지금까지 학교가 가깝기 때문에 늘 걸어 다녔거든요. 혼자서 오는 것이 맘이 놓이지 않으니 거기서 기다리라고 하세요. 차 몰고 데리러 갈 테니까요."

물음 및 점검 요점

물음 1

위의 이야기는 중학교 2학년 남학생의 어머니가 친구 집에 놀러 간 자기 아들이 걱정되어 전화한 내용입니다. 이 어머니의 말을 듣고 당신은 어떤 생각을 하게 됩니까?

부모가 자녀를 사랑하는 마음은 세상 끝까지라도 따라가서 도와주고 싶은 마음입니다. 요즘은 자녀를 많이 낳지 않으니 이런 마음을 얼마든지 표현할 수 있습니다. 더구나 문자 그대로 세상이 험악하여 많은 사람들이 다니는 거리조차 마음 놓고 다닐 수 없을 것같이 느껴지는 것이 사실입니다. 그러나 그렇다고 하여 언제까지나 자녀를 안고 다닐 수만도 없지요.

청소년기는 성인이 되는 준비를 하는 시기입니다. 성인이란 독립적으로 사고하고 행동할 수 있는 능력을 갖춘 사람을 의미합니다. 우리 주변에는 연령적으로 마땅히 성인이 되어야 함에도 불구하고 성인으로서의 조건을 제대로 갖추지 못한 사람들이 많습니다. 그 이유는 그들이 성인이 되는 훈련을 받지 못했기 때문입니다. 성인이 되는 훈련이란 별다른 것이 아닙니다. 정상적인 가정에서는 자녀들이 부모와 다른 어른들이 생활하는 것을 보면서 성인이 어떤 것인지를 배웁니다. 그러나 요즘에는 부모의 지나친 보호 욕구 때문에 자녀의 독립적 사고와 행동을 방해하는 경우가 적지 않습니다. 당신은 자녀의 성숙을 돕는 부모가 되어야 합니다. 자녀를 대신하여 일을 처리해 주는 부모가 되어서는 안 됩니다.

물음 2

당신은 자녀에게 지리적 모험(예: 대중교통수단을 이용하여 친척집이나 박물관 등 집에서 멀리 떨어진 장소에 혼자서 다녀오는 일)을 하도록 한 적이 있습니까?

자녀가 독립적으로 사고하고 행동하도록 훈련하는 방법으로써 지리적 모험이 좋은 예가 됩니다. 자녀를 혼자 떠나보내는 훈련은 자녀를 위한 것임과 동시에 당신 자신을 위한 것일 수도 있습니다. 결국 당신은 자녀를 떠나보내기 위해 양육하는 것이라는 사실을 기억해야 합니다. 가깝고 쉬운 일에서부터 모험을 시작하십시오. 이제 청소년이 된 당신의 자녀는 충분히 혼자 할 수 있습니다. 당신이 자녀의 판단력과 능력을 신뢰한다는 사실을 자녀가 느끼게 해주십시오. 당신이 불안해하지 않는 것이 자녀에게 자신감을 심어 주는 지름길입니다. 모험을 통해 자녀가 성취감을 느낄 수 있도록 하세요.

물음 3

자녀가 집을 떠나 캠핑을 갔다면 당신은 집에서 자녀에 대해 어떤 것들을 염려합니까?

자녀가 집을 떠나 하룻밤 이상을 지내게 될 경우 부모로서 염려하는 것은 당연한 일입니다. 더구나 자녀에게 무슨 일이 생겨도 연락이 닿지 않는 곳이라면 더하겠지요. 허약한 자녀를 둔 부모는 더욱 그렇습니다. 그러나 이런 일들을 통해 당신은 하나님을 신뢰하는 것을 배우게 될 것입니다. 당신은 자녀를 위해 최선을 다할 수 있을 뿐이지 항상 붙어 다니며 모든 일을 해줄 수는 없습니다. 그런 일은 불가능할 뿐더러 그렇게 해서도 안 됩니다.

물음 4

청소년이 된 당신의 자녀가 스스로 선택하고 판단하고 행동하고 부딪쳐 보아야 할 일들이 있다면 어떤 것들일까요?

친절한 부모들은 자녀를 위해 될 수 있는 대로 많은 것을 해주려고 노력합니다. 많이 배운 부모들은 자녀에게 어떤 것이 좋은지 잘 알기 때문에 더욱 더 많은 일들을 자녀를 위해 결정하려고 합니다. 예를 들면 시험을 위해서는 어떤 전략을 가지고 공부하는 것이 좋은지, 이런 문제는 어떤 방법으로 푸는 것이 가장 쉬운 길인지, 현재의 나이에는 어떤 책들을 읽는 것이 필요한지, 또는 어떤 일들이 유익하지 않은 경험인지에 대해 훤하게 알기 때문에 자녀에게 자신 있게 권할 수 있을 것입니다. 사실 그런 경우에 자녀가 부모의 조언과 가르침을 따르기만 하면 실수하는 일은 없습니다. 그러나 그런 식으로 부모의 결정에만 순순히 따르는 자녀는 스스로 사고하고 판단하는 능력을 키울 수 없습니다. 새로운 일에 부딪칠 때마다 엄마 생각만 날 뿐 더 이상 사고를 진전시키지 못하는 사람이 된다면 문제가 아닐 수 없습니다. '이런 경우에 엄마라면, 우리 부모님이라면 이렇게 일을 처리하실 것이다' 라는 믿음을 가지고 스스로의 힘으로 일을 처리하는 것과, 부모가 그 일을 처리해 주길 기다리고 있는 것과는 커다란 차이가 있습니다.

물음 5

당신은 일손이 부족할 때 자녀의 도움을 청하는 편입니까, 자녀의 학업에 지장이 될까 봐 자제하는 편입니까? 아니면 다른 이유 때문에 도움을 청하지 않습니까?

일이 많아서 바쁘거나 시간이 부족하거나 혹 힘이 달릴 때 자녀에게 도움을 청하는 것은 당신이 일을 쉽게 할 수 있는 방법이기도 하지만 자녀를 훈련시키는 방법이기도 합니다. 어떤 부모는 자녀에게 일을 배울 수 있는 기회를 주지 않았으면서도 자녀가 일을 할 줄 모른다고 화를 내거나 자녀의 능력을 인정하지 않거나 심지어 흉을 보기까지 합니다. 자녀에게 일을 배울 수 있는 기회를 주십시오. 자녀가 실수할 수 있는 기회를 주십시오. 가정에서 부모 앞에서 실수하는 것이 다른 곳에서 실수하는 것보다 훨씬 낫지 않습니까? 당신의 자녀는 실수하는 경험을 통해서 어떤 일을 하는 것을 배울 뿐 아니라, 실수를 하는데도 불구하고 일을 맡기고 도움을 청하는 부모를 통해 신뢰와 사랑도 배우게 될 것입니다. 다만 자녀로 하여금 일을 즐거운 마음으로 할 수 있도록 하는 것이 열쇠가 된다는 사실을 기억하십시오. 그리고 자녀가 일을 도운 사실에 대해 고마움을 표현하십시오.

물음 6

자녀가 생각을 표현하는 능력이나 자기의 일을 스스로 처리하는 능력이 부족할 때 어떻게 합니까?

자녀의 답답한 행동을 보고도 참는 일은 자녀를 양육할 때 가장 힘든 일들 중 하나입니다. 그러나 그렇다고 해서 자녀가 말하고 있는 중에 부모가 앞질러 말을 가로채거나 일을 대신 처리해 버리면 당신의 자녀는 끝내 그런 상태로 머물러 있게 됩니다. 자녀가 당신의 기대 수준에 미치지 못하더라도 자녀를 몰아가거나 앞서가지 마시고 기다려 주고 격려해 주어야 합니다. 당신의 자녀는 지금 상처받기 쉬운 사춘기를 지나고 있습니다. 자존심이나 자신감에 입힌 상처는 일생을 두고 따라다니는 사단의 도구가 될 수 있습니다. 그로 인해 생기는 열등감이나 우울증은 사단이 활동하기 좋은 밭이기 때문입니다.

묵상

창세기 37장 12절~17절을 읽으세요.

"그 형들이 세겜에 가서 아비의 양 떼를 칠 때에 이스라엘이 요셉에게 이르되 네 형들이 세겜에서 양을 치지 아니하느냐 너를 그들에게로 보내리라 요셉이 아비에게 대답하되 내가 그리하겠나이다 이스라엘이 그에게 이르되 가서 네 형들과 양 떼가 다 잘 있는 여부를 보고 돌아와 내게 고하라 하고 그를 헤브론 골짜기에서 보내매 이에 세겜으로 가니라 어떤 사람이 그를 만난즉 그가 들에서 방황하는지라 그 사람이 그에게 물어 가로되 네가 무엇을 찾느냐 그가 가로되 내가 나의 형들을 찾으오니 청컨대 그들의 양치는 곳을 내게 가르치소서 그 사람이 가로되 그들이 여기서 떠났느니라 내가 그들의 말을 들으니 도단으로 가자 하더라 요셉이 그 형들의 뒤를 따라 가서 도단에서 그들을 만나니라"(창 37:12~17)

본문은 자녀를 양육하는 문제에 대해 어떤 교훈을 줍니까?

적용

1. 본 과를 통해 새롭게 깨달은 점은 무엇입니까?

2. 본 과를 공부한 후 당신이 적용할 수 있는 일은 어떤 것들입니까?

제4과 외모와 옷차림

이야기

진숙이는 중학교 3학년 여학생이다. 얼굴은 귀엽게 생긴 편이고 몸매는 약간 통통하다고 할 만하다. 그저 보기 싫지 않을 정도로 살이 쪘는데 본인은 자신이 살이 많이 쪘다고 생각한다. 그래서 다이어트를 한다고 아침식사를 거르는 일이 많이 있다. 친구들의 옆을 지나가려면 혹시 그 아이들이 자기를 뚱뚱하다고 흉보지는 않을까 신경이 곤두선다. 또 어떤 아이가 뚱뚱한 아이 흉을 보면 자기를 보고 하는 말이 아닌데도 화를 내게 된다.

물음 및 점검 요점

물음 1

당신의 자녀는 외모에 대해 얼마나 신경을 씁니까?

청소년기는 지금까지와는 다르게 외모에 신경을 쓰는 시기입니다. 키가 남보다 크거나 작아도, 얼굴에 여드름이 나도, 머리가 곱슬거려도 모두 신경이 쓰이는 일입니다. 그것은 사춘기의 특징이라고 할 수 있습니다. 이

성에 대한 관심은 곧 자신을 예쁘게, 멋있게 꾸미려는 마음이 됩니다. 그러므로 외모에 전혀 신경을 쓰지 않는 것이 오히려 비정상적이라고 할 수 있지요. 문제는 지나치게 신경을 쓴 나머지 다른 생활에 지장을 가져오는 경우입니다.

물음 2

자녀가 외모 때문에 고민한다면 어떤 말을 해주면 좋을까요?

외모는 내면을 담는 그릇입니다. 물론 내용도 좋고 그릇도 좋은 것이라면 더할 나위 없겠지요. 그러나 외모 때문에 비관하거나 고민하는 것은 내면조차 찌그러뜨리는 일입니다. 자녀로 하여금 정말로 중요한 것은 안에 들어 있는 것이라는 사실을 깨닫게 해주세요. 그리고 자신뿐만 아니라 다른 사람을 대할 때에도 외모가 아니라 내면에 담긴 것으로 사람의 가치를 말할 수 있어야 합니다. 다른 사람에게는 내면이 중요하다고 말하면서도 자신에게는 외면이 더 중요한 것처럼 외모에 대해 심각하게 생각하고 있다면 그것은 불공정한 욕심이라고 할 수 있습니다. 마치 "너는 아무렇게나 생겨도 괜찮지만 나는 잘 생겨야 해"라고 말하는 논리인 셈이지요. 외모로 인해 고민하여 내면에까지 부정적인 영향을 끼치는 것보다 내면을 아름답게 하는 일에 신경을 써서 그것이 그릇에까지 비쳐질 수 있다면 그러한 아름다움이 참된 아름다움이요, 진짜 멋이라고 할 수 있을 것입니다.

물음 3

당신의 자녀는 옷차림에 얼마나 신경을 쓰는 편입니까?

외모와 함께 옷차림에 신경을 쓰는 것은 당연한 일입니다. 오히려 옷차림에 전혀 신경을 쓰지 않는다면 바르게 지도해야 합니다. 청소년기의 자녀라면 옷이 더러워졌을 때 엄마가 갈아입으라고 말하지 않아도 스스로 빨래 통에 집어넣고 새로 갈아입을 줄 알아야 하고, 거울을 보고 단추가 바로 끼워졌는지 확인하는 정도의 관심은 가져야 합니다. 자녀들은 독립된 성인이 되기 전에 단정하고 경우에 적절한 차림을 하도록 가르침을 받아야 합니다.

물음 4

당신은 자녀가 용모를 꾸미는 것이나 옷을 사 입는 일에 제재를 가합니까? 그렇다면 어느 정도로 제재합니까?

청소년기가 되면 옷이나 신발 등의 선택을 부모에게 의존하지 않고 스스로 하려고 하는 경우가 많습니다. 게다가 요즈음은 개성을 앞세우는 시대이고 물질적으로도 풍요해져서 자녀들이 원하는 옷이나 기타 물건들을 사 줄 수 있을 만큼 여유가 있는 가정이 많아졌습니다. 뿐만 아니라 이 시기는 친구들과 어울리기를 좋아하고 동료 집단에서 소외되는 것을 두려워하는 시기이며 특히 인기 스타들을 흉내내기 좋아하는 경향이 두드러진 때이므로, 용모를 꾸미는 일에 신경을 쓰게 됩니다. 부모들은 청소년기의 그러한 특징들을 이해해야 합니다. 그러나 이해한다는 말의 의미는 그들이 하는 대로 다 내버려둔다는 것이 아닙니다. 다만 그들의 욕구에 대한 이해없이 무조건적으로 강력한 제재를 가한다면 반항심을 조장하게 될 것입니다. 그러므로 그들의 심리를 이해하기는 하되 학생으로서의 연령과 신분을 생각할 줄 알도록 이끌어 주어야 할 것입니다.

청소년기 자녀를 둔 부모가 자녀들과의 사이에서 자주 갈등을 빚는 일 중 하나가 머리 모양과 옷차림입니다. 어떤 청소년들은 텔레비전에서나 볼 수 있는 연예인들의 모습을 흉내 내고 싶어 하기도 하고, 함께 어울리는 다른 친구들의 차림을 따르기도 하며, 유명 메이커의 옷을 입고 싶어 하기도 합니다. 그런데 그 차림들이 부모의 기준으로 볼 때는 용납하기 어려운 경우도 있고, 값이 비싸서 감당하기 어려운 경우도 있습니다. 어떤 경우라도 부모로서 마음에 들지 않을 때는 대부분 큰소리로 야단을 치며 화를 내게 됩니다. 그러나 무조건 큰소리부터 치는 것은 자녀의 마음에 반항심을 만드는 것이며 더 이상의 대화가 진전되지 못하도록 하는 행동입니다. 자녀와 함께 앉아서 자녀가 그런 차림을 하고 싶어 하는 이유를 들어 보고 엄마도 비슷한 마음으로 청소년기를 지났던 이야기도 하면서 엄마로서 왜 그런 차림을 싫어하는지 차분히 이야기 할 수 있어야 합니다. 그리고 엄마로서 용납할 수 없는 차림의 기준은 일찍부터 분명하게 이야기하는 것이 좋습니다.

물음 5

당신의 자녀가 귀걸이를 하고 다니는 것을 허락하겠습니까? 허락하지 않는다면 이유는 무엇입니까?

청소년기의 자녀를 둔 부모는 자녀들에게 어떤 행동을 요구하거나 제재할 때 타당한 근거를 제시할 수 있어야 합니다. 예를 들어 귀걸이를 하고 다니는 것을 제재하고 싶다면 "우리 영림이 귀걸이 하니까 참 예쁘네. 그런데 아직 학생이니까 밖에 나갈 때는 빼놓고 가거라. 누가 며느리 삼겠다고 쫓아 올라" 하고 우스개 소리를 섞어가며 이야기해도 좋고, 혹시 남학생이거든 "요즘은 남자들도 귀걸이하고 다니는 게 유행인가 보지? 하지만 아무리 시대가 바뀌었어도 남자에겐 남자다운 차림이 있다고 생각한다. 다른 친구들이 혹시 그러고 다니더라도 너는 엄마 생각을 존중해 줄 수 있겠니?" 하고 말해 보는 것은 어떨까요? 평소에 자녀의 인격을 존중해 주는 부모라면 자녀에게 이런 말을 할 때 자녀 역시 부모의 의견을 무조건 무시하거나 반항하려고 하지 않을 것입니다. 어느 누구나 그렇지만 청소년기 아이들은 특히 자기를 이해하고 존중해 준다면 당신의 의견을 존중할 것이며 친구에게서는 찾을 수 없는 안정감을 느끼게 될 것입니다.

물음 6

당신 자신은 외모에 대해 어느 정도 신경을 쓰고 있습니까?

앞에서도 언급했듯이 외모나 옷차림은 내용을 담는 그릇입니다. 그릇이 없다면 내용물이 자리를 잡을 수 없으니 안 되겠지요. 외모는 중요한 것이 아니라고 하여 다른 사람에게 불쾌감을 줄 정도가 되어서는 안 됩니다. 화려하고 값비싸게 꾸미지 않더라도 내용물의 아름다움이 빛나게 할 수 있을 것입니다. 외모를 단장하는 것도 삶이요, 습관이기 때문에 자녀들은 결국 부모의 본을 따르게 될 것입니다. 당신의 자녀가 외모를 치장하는 일에 많은 시간과 돈을 들이는 삶을 살기를 원치 않는다면 당신 자신이 그렇게 살면서 보다 보람 있는 일을 위해 시간과 돈을 사용하는 본을 보이십시오.

묵상

디모데전서 2장 9절~10절을 읽으세요.

"또 이와 같이 여자들도 아담한 옷을 입으며 염치와 정절로 자기를 단장하고 땋은 머리와 금이나 진주나 값진 옷으로 하지 말고 오직 선행으로 하기를 원하라 이것이 하나님을 공경한다 하는 자들에게 마땅한 것이니라"(딤전 2:9~10)

본문은 자녀를 양육하는 문제에 대해 어떤 교훈을 줍니까?

적용

1. 본 과를 통해 새롭게 깨달은 점은 무엇입니까?

2. 본 과를 공부한 후 당신이 적용할 수 있는 일은 어떤 것들입니까?

제5과

자아상

이야기

"정민아, 넌 친구를 사귀려면 좀 너보다 나은 애를 사귀면 좋겠다. 너두 잘나지도 못한 주제에 맨날 너보다 못한 애들하고만 어울려 다니지 말고. 사람은 배울 게 있는 친구를 사귀어야 하는 거야."

물음 및 점검 요점

물음 1

위의 이야기에 나오는 정민이 엄마의 말에 대해 어떻게 생각합니까?

물음 2

위와 같은 말을 들은 정민이는 어떤 생각을 하게 될까요?

좋은 친구를 사귀라는 말은 분명히 자녀를 사랑하기 때문에 자녀를 위해 하는 말입니다. 그런데 문제는 부모가 자녀를 위한다고 하는 말들이 정말 자녀를 위해 좋은 작용을 하는 말인가 하는 것입니다. 우선 말하는 어조가 문제입니다. 자녀를 무시하는 어조는 자녀의 마음에 상처를 줍니다. 위와 같은 말을 들은 청소년 중에는 부모의 말대로 따르는 경우도 있을 것이고, 별다른 반항 없이 순순히 대답하지만 그렇다고 친구 관계에 변화를 시도하지도 않는 경우도 있을 것입니다. 그러나 적지 않은 청소년들은 이런 말을 들을 때 모욕감과 반항심을 느끼게 됩니다.

첫째로는 부모가 자기를 낮게 평가하고 있다는 사실로 인한 마음의 상처와 분노이고, 둘째로는 자기 친구에 대해 편견을 가지고 보는 것에 대한 분노이며, 셋째로는 자기보다 나은 친구들만 사귀라는 말의 이기심에 대한 분노입니다. 청소년기의 특성상 이 세 가지는 모두 분노와 반항심을 낳기에 충분합니다. 청소년기는 자아의식이 새롭게 되는 시기이며, 친구의 가치를 중요하게 여기고, 자신에 대한 평가에 예민할 뿐 아니라 정의감도 발달하는 시기이기 때문입니다.

이런 경우에는 "얘, 너는 그 아이하고 친한가 보구나. 너하고 통하는 데가 있는 모양이지? 그래, 그 친구의 어떤 점이 좋니? 사람은 친구를 잘 사귀어야 하는데 서로가 좋은 친구가 되도록 하렴. 좋지 않은 점이 있다면 서로 충고해 주고 말야" 하는 어투로 대화하면 무리가 없을 것입니다.

물음 3

당신의 자녀에게서 마음에 차지 않는 부분이 있다면 어떤 것들입니까?

사람은 누구나 약점과 단점이 있습니다. 그 중에 어떤 것들은 고칠 수 있는 것도 있지만 어떤 것들은 그대로 받아들여야 하는 경우도 있습니다. 더구나 한창 성장하는 청소년들의 모습이나 하는 행동 중에는 부모의 마음에 차지 않는 것들이 많을 것입니다. 마음에 차지 않는 자녀의 모습 때문에 실망될 때에는 지금 그들이 성장의 과도기를 지나고 있다는 사실과, 그동안 당신 자신이 부모로서 자녀를 양육하고 훈련하는 과정에서 부족한 부분이 있었다는 사실을 인정하면서 변화에 대한 기대를 가지고 밝은 면을 보는 것이 필요합니다. 뿐만 아니라 어떤 것들은 부모 자신의 지나친 기대와 욕심 때문인 경우도 있으므로 이를 현실적으로 분별하는 자세가 필요합니다.

물음 4

당신의 자녀가 가지고 있는 위와 같은 약점 혹은 문제점이나 잘못된 행동들에 대해 당신은 자녀에게 혹은 다른 사람들에게 어떻게 이야기합니까?

자녀의 약점에 대해 다른 사람과 이야기하는 데 있어서 주의할 점은, 상대방의 권면을 듣고자 하는 의도에서만 이야기해야 하며 단지 푸념을 늘어놓기 위한 것이 되어서는 안 된다는 것입니다. 그리고 그런 경우라 하더라도 자녀가 듣는 데서 이야기하지 않도록 하는 것이 좋습니다. 자녀의 자존심에 상처를 줄 수 있기 때문입니다. 자녀의 문제점은 자녀 자신과 이야기하는 것이 가장 중요합니다. 이야기하다 보면 그것이 부모의 욕심으

로 인한 문제인지, 아니면 자녀가 고쳐야 할 문제인지가 분명해질 것이고 자신의 문제를 인정할 수 있을 때 그것을 개선하려고 하는 자발적인 노력이 뒤따를 것이기 때문입니다. 어떤 경우에도 비웃거나 비난하거나 희망을 포기한 투로 화를 내며 이야기하는 것은 금물입니다. 잘못된 것은 고치도록 이야기하되 될 수 있는 대로 짧고 간결하게, 부드러우면서도 엄하게 이야기하는 것이 효과적입니다. 이야기가 길어지면 잔소리가 되고, 잔소리라고 여겨지면 열등의식, 자신감 상실 등의 결과를 가져올 수 있습니다. 자녀가 열등의식을 가지거나 자신감을 잃고 세상을 살아가느냐 그렇지 않으면 자신에 대해 건전한 자존감을 가지고 살아가느냐 하는 것이 당신에게 달려 있습니다.

물음 5

당신의 자녀는 물음 4에서 이야기한 말을 들을 때 어떤 반응을 합니까?

누구라도 약점이나 잘못한 점을 지적받는 것을 좋아할 리 없습니다. 사람들은 약점을 지적하고 잘못한 점을 들추어내는 사람을 회피하게 됩니다. 자녀가 부모를 두려워하거나 회피한다면 당신은 부모로서 자녀를 이끌어 줄 수 있는 기회들을 놓치게 되는 것입니다. 야단치기보다는 안타까운 마음으로 권면하고, 소리를 지르기보다 위로하고 관용하며 격려하는 자세를 가지기 위해 당신 스스로를 훈련하십시오.

자녀를 사랑한다 해도 자녀의 인격을 존중하는 마음으로 말하지 않으면 자녀의 마음에 상처를 주는 일들이 많이 생깁니다. 특히 청소년기는 민감한 정서를 가진 때이므로 이런 면에 신경을 써야 합니다. 게다가 사춘기를 지나는 청소년들은 이제 자기들도 어른이 되었다고 생각하기 때문에 인격을 존중받기를 기대합니다.

물음 6

당신의 자녀는 어떤 장점들을 가지고 있습니까?

자녀를 양육하는 부모들에게는 자녀에 대한 지극한 사랑에도 불구하고 막상 자녀를 볼 때면 부족하고 고칠 점만 눈에 띄는 경우가 많이 있습니다. 아마도 자녀를 바르게 양육하고자 하는 의지가 굳기 때문일 것입니다. 그러나 그것이 자녀와 당신의 관계를 소원하게 하는 원인이 될 수 있습니다. 분명 당신의 자녀에게는 좋은 점이 있을 것입니다. 그리고 그 좋은 점을 찾아내는 것이 부모의 역할 중 하나입니다. 당신의 자녀는 다른 누구보다도 부모가 인정해 줄 때 용기를 가지고 살아갈 수 있을 것입니다. 사랑은 인정을 통해 전달됩니다.

물음 7

당신은 평소에 자녀의 좋은 점에 대해 얼마나 칭찬해 줍니까?

칭찬은 상대방을 격려하는 방법입니다. 잘못했을 때 지적하는 방법보다는 잘했을 때 칭찬하는 방법을 사용하는 부모는 지혜로운 부모입니다. 자녀가 즐거운 마음으로 청소년기를 보내도록 최선을 다하십시오. 부모의 칭찬과 격려는 즐거운 마음과 적극적인 자세로 세상을 살아가는 데 있어서 밑거름이 될 것입니다.

묵상

요한계시록 2장 1절~5절을 읽으세요.

"에베소 교회의 사자에게 편지하기를 오른손에 일곱 별을 붙잡고 일곱 금촛대 사이에 다니시는 이가 가라사대 내가 네 행위와 수고와 네 인내를 알고 또 악한 자들을 용납지 아니한 것과 자칭 사도라 하되 아닌 자들을 시험하여 그 거짓된 것을 네가 드러낸 것과 또 네가 참고 내 이름을 위하여 견디고 게으르지 아니한 것을 아노라 그러나 너를 책망할 것이 있나니 너의 처음 사랑을 버렸느니라 그러므로 어디서 떨어진 것을 생각하고 회개하여 처음 행위를 가지라 만일 그리하지 아니하고 회개치 아니하면 내가 네게 임하여 네 촛대를 그 자리에서 옮기리라"(계 2:1~5)

본문은 자녀를 양육하는 문제에 대해 어떤 교훈을 줍니까?

적용

1. 본 과를 통해 새롭게 깨달은 점은 무엇입니까?

2. 본 과를 공부한 후 당신이 적용할 수 있는 일은 어떤 것들입니까?

제6과

교우관계

이야기

충현이네 학교는 오늘 중간고사가 끝난다. 시험을 치르고 일찍 끝나는 날이기 때문에 충현이는 몇몇 친구들과 성수네 집에 놀러갔다. 성수네 집에는 아무도 없었다. 친구들끼리 라면을 끓여 먹고 컴퓨터 게임을 하기 시작했다. 그런데 그 중 한 아이가 담배를 꺼냈다. 그러자 아이들도 같이 담배를 피웠다. 친구들이 충현이에게도 담배를 권했을 때 충현이는 조금 망설였지만 호기심도 있고 그 아이들에게서 소외되는 것이 두렵기도 하여 처음으로 담배를 피웠다.

물음 및 점검

물음 1

당신의 자녀가 위와 같은 일을 겪었다면 당신에게 그 사실을 이야기를 할 것이라고 생각합니까?

물음 2

자녀가 위와 같은 일을 집에 와서 스스로 이야기하지 않는다면 그 이유는 무엇일까요?

어떤 아이라도 이런 일을 부모에게 별 어려움 없이 이야기하리라고 기대하는 것은 무리입니다. 당신의 자녀가 무엇보다도 염려하는 점은 당신을 실망시키게 된다는 것입니다. 부모에게 정면으로 반항하는 자녀가 아니라면 어떤 자녀라도 부모를 실망시키고 싶어 하지 않습니다. 부모에게 정면으로 반항하는 자녀는 이미 부모에게 실망했거나 어떤 형태로든 부모에 대한 분노의 이유가 있기 때문입니다.

그러므로 아이들이 그런 일을 이야기하지 않는다는 사실은 마음에 큰 부담과 근심이 생겼다는 것을 의미하기도 합니다. 그러나 그러한 부담과 근심은 부모의 얼굴 대하기를 회피한다든지, 갑자기 식욕이 줄거나 말이 없어진다든지, 혹은 근심어린 표정을 하고 있는 등 자녀의 표정과 행동을 통해 나타날 것입니다. 아주 드물게는 그런 근심을 감추기 위해 반대로 갑자기 말이 많아진다든지 하여 평소와는 다른 모습을 보일 수도 있습니다. 아무튼 자녀는 그것을 감추려고 해도 어떤 형태로든지 변화가 있을 것이고 부모로서 당신은 자녀의 변화를 알아볼 수 있어야 합니다. 그런 때는 무엇보다도 자녀의 근심을 함께 나누고자 하는 마음을 가지는 것이 중요합니다. 자녀에게 무엇인가 잘못된 일이 있다는 사실을 알아내는 것은 자녀로 하여금 그 문제를 해결하도록 돕기 위한 것이지 자녀의 잘못을 캐내어 혼을 내주거나 자녀가 문제 있는 나쁜 아이라는 사실을 확인하려는 것이 아니라는 점을 기억하십시오.

물음 3

당신의 자녀는 친구들과의 사이에서 있었던 일을 잘 얘기하는 편입니까?

천성적으로 말이 적은 사람들이 있기는 하지만 사람은 누구나 자기의 말에 관심을 기울여 주는 사람에게는 이야기를 하고 싶어 합니다. 당신의 자녀가 당신에게 이야기하기를 좋아하거든 관심 있게 들어주십시오. 그것은 그들이 당신의 사랑과 관심에 대해 신뢰하고 있기 때문입니다. 집 밖에서의 이야기를 잘 하지 않는 아이라면 부모 쪽에서 먼저 "넌 요즘 누구하고 친하게 지내니? 한번 집에 놀러 오라고 하렴"하고 제안해 보거나, "너희 반 애들 중에 점심시간에 가만히 앉아서 밥 먹는 애들이 얼마나 되니?" 하면서 학급 분위기를 알아보고, 아니면 "너희 반에서는 음란 비디오나 책 같은 것 돌리면서 보는 애들은 없니?" 등 자녀의 학교에 관심을 보이는 질문을 꺼내서 자녀와의 대화를 유도하는 지혜가 필요할 것입니다.

물음 4

당신은 자녀의 친구들에 대해 어느 정도 관심을 보입니까?

청소년기의 아이들에게 있어서 친구는 매우 중요한 존재이므로 자녀들은 자기 친구에게 관심을 기울여 줄 때 고맙게 생각합니다. 그것은 곧 자기에 대한 관심으로 받아들여지기 때문입니다. 자녀가 가깝게 지내는 친구의 근황을 물어보거나 가끔 친구를 집에 초대하여 대접하는 것은 자녀에 대한 사랑의 표현방법입니다. 그리고 자녀의 친구가 바르게 자라는 것을 당신의 자녀가 바르게 자라는 것과 같이 중요하게 생각하고 격려해 주는 마음이 필요합니다.

물음 5

옳지 못한 일에 대한 친구들의 압력이 있을 때 당신의 자녀가 잘 대처하리라고 생각합니까?

당신의 자녀가 집에 와서 친구들과의 사이에서 있었던 이야기를 하느냐 하지 않느냐보다 더 중요한 것은 자녀가 친구들 사이에서 이런 문제를 만났을 때 올바른 판단력을 가지고 대처할 수 있는가 하는 점입니다. 치료해야 할 상황이 생겼을 때는 치료를 위해 전심을 쏟아야겠지만, 정말 중요한 것은 문제가 생기지 않도록 예방하는 일입니다. 평소에 자녀가 옳은 일을 행하는 데 대해 용기를 가지도록 격려하십시오.

물음 6

당신의 자녀가 소위 문제 청소년이라고 할 만한 친구를 가까이 한다면 어떻게 하겠습니까?

좋은 친구를 사귀는 것도 중요하지만 좋은 친구가 되는 것도 그에 못지않게 중요한 일입니다. 이미 문제성이 굳어져서 한 친구의 힘으로는 움직일 수 없는 친구라면 자녀로 하여금 더 이상 가까이 하지 않도록 하는 것이 현명합니다. 그러나 때로는 좋은 친구의 도움으로 자신이 당한 어려움을 이겨 내고 바른 길을 걷게 되는 경우도 있기 때문에 현재의 외형적 상황으로 속단하지 말고 친구 문제를 자녀와 함께 논의해 볼 필요가 있습니다. 문제가 있는 아이인데도 불구하고 당신의 자녀가 가까이 하는 데에는 어떤 이유가 있을 것입니다. 그러므로 무조건 친구 관계를 금하고 비난하기만 한다면 당신 자녀의 반항심을 자극하는 일이 됩니다. 자녀의 친구를 경계하기 전에 먼저 자녀의 판단력과 자녀의 친구를 존중하는 마음을 보여야 합니다. 자녀가 친구에게 끌려가는 것은 아닌가 주의 깊게 관찰하되 친구를 도우려고 하거든 함께 힘이 되어 주고 격려하는 마음을 가지도록 하십시오.

묵상

잠언 14장 26절~27절을 읽으세요.

"여호와를 경외하는 자에게는 견고한 의뢰가 있나니 그 자녀들에게 피난처가 있으리라 여호와를 경외하는 것은 생명의 샘이라 사망의 그물에서 벗어나게 하느니라"(잠 14:26~27)

본문은 자녀를 양육하는 문제에 대해 어떤 교훈을 줍니까?

적용

1. 본 과를 통해 새롭게 깨달은 점은 무엇입니까?

2. 본 과를 공부한 후 당신이 적용할 수 있는 일은 어떤 것들입니까?

제7과

이성교제와 성도덕

이야기

"엄마, 저 오늘 친구들 만나러 가요."

"어떤 친구들인데?"

"지난번에 누리단 캠프 갔을 때 사귄 친구들이에요."

"그래? 그 캠프에는 남학생들도 왔었다던데, 남학생들도 만나는 건 아니냐?"

"…."

물음 및 점검 요점

물음 1

위와 같은 경우에 당신은 자녀에게 무슨 말을 하셨습니까?

청소년기의 자녀를 둔 부모가 자녀의 이성교제 문제에 대해 예민하게 반응하는 것은 당연한 일입니다. 이제 신체적으로도 충분히 성숙하여 성적인 기능을 할 수 있는 연령이기에 더욱 그렇습니다. 혹시 잠깐의 실수로 평생의 불행을 자초하게 되지는 않을까 하는 염려 때문입니다. 더구나 요

즘 매스컴의 보도에 의하면 청소년기 학생들의 탈선과 혼전 성관계 등이 사회적으로도 심각한 문제라는 것을 알 수 있습니다. 또한 점점 개방적이 되어가는 현실 속에서 자녀가 이성에 대한 관심을 표현하는 것을 금하는 것이 어려울 때가 있는 것이 사실입니다. 그러나 부모로서 성숙해 가는 자녀들이 이성을 대할 때 가져야 할 마음가짐과 몸가짐에 대해 가르치는 것이 필요합니다. 마땅히 해야 할 말은 해주어야 하되 자녀에 대한 의심 때문이 아니라 여성 혹은 남성으로서 첫걸음을 걷고 있는 자녀에게 올바른 지식을 전하고자 하는 마음 때문이라는 것이 자녀에게 느껴져야 합니다. 자녀로서는 부모가 자기를 신뢰하지 못한다고 느끼면 오히려 부정적인 행동을 하게 되는 원인이 됩니다.

물음 2

당신의 자녀가 이성 친구를 사귄다면 허락하겠습니까?

물음 3

자녀가 이성 친구를 사귀는 것을 허락하지 않는다면 그 이유는 무엇입니까?

비록 최근에는 청소년들의 이성교제에 대해서 개방적인 분위기가 되어가고 있다고는 하지만 아직은 사회적으로 청소년기에 이성 친구를 사귀는 것이 그렇게 긍정적으로 받아들여지고 있지는 않습니다. 많은 청소년들이 그들의 사회적 처지가 이성교제를 하기에는 때가 이르다는 것을 알기 때문에 공부에 전념하고 있는 반면에, 또 적지 않은 청소년들이 이성교제에 관심을 가지고 있는 것이 사실입니다. 그리고 청소년기 정도가 되면 친구를 사귀는 문제에 부모가 깊이 간섭하거나 통제하는 것이 쉽지 않지요.

일반적으로 청소년기에 이성 친구를 사귄다면 교회 학생회 혹은 그 밖에 학교나 사회에서 인정하는 단체 활동 속에서 사귀는 정도에 그치는 것이 좋습니다. 아직 사고에 있어서나 정서적으로나 충분히 성숙하지 않은 나이이기 때문에 이성 간에 개인적인 사귐을 깊이 가지는 것은 바람직하지 않습니다. 청소년기는 많은 변화를 경험하는 과도기이며 성적인 충동을 제어하기에는 아직 어린 나이라고 할 수 있기 때문입니다. 그러므로 이 시기에 이성교제의 궁극적 관심이라고 할 수 있는 결혼 상대를 결정하는 것은 매우 위험한 일입니다. 그러므로 청소년기에는 단체 속에서 이성을 객관적으로 볼 수 있는 안목을 기르는 것이 필요합니다.

물음 4

당신의 자녀는 청소년기의 성적인 성숙에 어느 정도 잘 적응하고 있습니까?

아무리 신체적으로 성숙해도 자녀는 역시 자녀이기 때문에 부모의 입장에서 볼 때 그들의 성숙을 인정하기가 쉽지 않습니다. 자녀를 양육하는 부모들이 기억해야 할 사실은 그들의 자녀는 성숙하고 있으며 그것은 신체적인 성숙뿐 아니라 사회적, 인격적 성숙도 포함한 성숙을 의미하는 것입니다. 그러므로 청소년기 자녀의 성숙에 적응해야 할 사람은 누구보다 부모들이라 할 수 있습니다. 지금까지도 그랬지만 이제는 더욱 자녀를 인격적으로 대우하는 일에 신경을 써야 합니다. 그리고 자녀의 성숙을 인정하는 일이 필요합니다. 물론 아직 미성숙한 부분이 많지만 그들의 성숙을 인정하는 것은 그들이 현재 겪고 있는 변화에 잘 적응하며 책임감 있는 성인으로 성숙하는 것을 촉진시켜 줄 것입니다.

물음 5

당신은 자녀에게 순결을 지켜야 하는 이유를 무엇이라고 설명하겠습니까?

순결은 행복한 삶에 있어서 필수요소라고 할 수 있습니다. 요즘 순결의 귀중함에 대한 인식이 점점 흐려져 가고 있는 것은 안타까운 일이 아닐 수 없습니다. 그리고 그러한 사실은 최근의 높은 이혼율과도 결코 무관하지 않습니다. 심지어 어떤 사람들은 이제 막 성에 눈을 뜬 청소년들에게 '결혼은 상대방을 책임질 수 있을 때 하는 것이지만 성관계는 사랑의 감정을 느끼기만 하면 언제든지 할 수 있는 것' 이라는 허황한 가르침을 펼치고 있습니다. 그러나 성관계는 결혼한 사람들만을 위한 것이며 결혼 안에서만 그 깊은 의미와 축복을 충분히 알 수 있는 것입니다. 청소년들에게 하나님은 결혼한 사람에게만 육체적인 연합을 허락하셨다는 사실을 가르쳐야 합니다.

그러므로 청소년기 자녀들이 성과 결혼에 대해 바른 가치관을 가지도록 하기 위해서는 먼저 결혼의 중요성을 가르쳐야 합니다. 결혼은 인간에 의해 만들어진 제도가 아니라 하나님의 창조 속에 포함된 것입니다. 즉 결혼은 하나님이 인간을 위해 친히 제정하신 것입니다. 그러므로 이는 결혼과 그로 말미암아 시작되는 가정 안에는 분명히 하나님의 계획이 있다는 것을 의미합니다. 그러나 사람들은 하나님의 계획이나 그분의 선하신 뜻에는 관심을 가지지 않고 있습니다. 결혼과 가정을 향한 하나님의 뜻은 두 사람이 연합하여 생육하고 번성함으로써 하나님이 만드신 세계 속에서 그분의 뜻을 펼치는 것이며 그 가운데서 하나님이 결혼과 가정 안에 예비하신 복을 누리는 것입니다. 사람은 완벽하지 못하기 때문에 돕는 배필을 통해 그들의 삶 가운데 이끌어 주시는 하나님의 깊은 사랑을 알 수 있게 됩니다.

그러나 오늘날 사람들은 이러한 결혼의 의미를 생각하지 않고 결혼을 자기 자신의 행복을 위한 수단으로만 생각합니다. 요즘은 너무나 많은 사람들이 이혼하기 때문에 이혼이 얼마나 심각한 결과들을 낳는 것인지에 대한 인식이 흐려지고 있습니다. 그리스도인들조차도 이혼하는 것은 어쩔 수 없는 일이라고 방관하고 있습니다. 그러나 하나님은 이혼하는 것을 싫어하신다고 명백하게 말씀하십니다(말 2:16). 이혼하지 않기 위해서는 결혼 후에 하나님의 말씀을 따라 서로 자신의 이기심을 버리고 기꺼이 상대방을 섬기고 사랑하는 자세를 가지고 살아야 합니다. 또한 그에 못지않게 중요한 문제는 결혼 상대를 올바로 선택하는 것입니다. 그것은 곧 배우자를 선택할 때 신중해야 함을 의미합니다. 성경은 우리에게 '혼인을 귀히 여기라' (히 13:4)고 말합니다.

청소년기는 커다란 변화를 경험하는 시기입니다. 신체적으로나 정신적으로나 영적으로나 많은 변화를 겪고 있는 시기입니다. 그러므로 이 시기에 성급하게 배우자를 결정하는 것은 바람직하지 못합니다. 얼마 안 있어서 또 다른 생각을 하는 자신을 발견하게 될 것이기 때문입니다. 배우자를 결정하는 것은 평생을 좌우하는 문제이므로 이러한 변화의 시기를 지나 사고가 어느 정도 성숙하고 안정된 후에 해야 합니다. 실제로 결혼생활에 실패한 사람들 중에 너무 어린 나이에 결혼 했거나 결혼을 성급하게 결정한 사람들이 차지하는 비율이 매우 높다는 사실이 이를 증명해 줍니다. 청소년들에게 결혼은 인생에 있어서 가장 신중하게 결정해야 할 문제라는 사실은 아무리 강조해도 지나치지 않습니다.

물음 6

당신은 최근 청소년들 사이에 번지고 있는 동성애에 관해 얼마나 알고 있습니까?

성과 결혼에 대한 잘못된 가르침 중에 최근에 독버섯처럼 번지고 있는 동성애 문제가 있습니다. 이에 대해서도 청소년들에게 바른 가르침을 주어야 합니다. 동성애에 대해 긍정적으로 보는 시각은 우리 사회의 도덕성을 결정짓는 데 막대한 영향을 미칠 것입니다. 특히 남성에게 있어서 청소년기는 성적인 충동이 최고조가 되는 시기인데 이성과의 성관계는 금지되어 있으므로 죄책감이 없이 동성애적 행위로 성적 충동을 만족시킬 수 있

다면 동성애의 유혹을 뿌리치는 일이 쉽지 않을 수도 있습니다. 그렇기 때문에 이것이 얼마나 큰 죄악인지를 깨닫도록 하는 것이 필요합니다. 동성애는 언제든지 도덕적 타락과 관련되어 있습니다(창 19:1~15; 갈 5:19). 일반적으로 동성애자들은 성행위의 상대가 한 사람으로 제한되어 있지 않은 경우가 많다는 사실 역시 그들의 도덕성의 일면 보여 주는 것입니다.

동성애자들은 동성애적 행위가 최근에 생긴 일이 아니며 동성애는 이성애와 마찬가지로 인간이 가지고 있는 하나의 성향이라는 사실을 강조하면서 그들의 행위를 정당화하려고 합니다. 뿐만 아니라 그들은 소수이기 때문에 보호받아야 한다고 주장합니다. 이러한 그들의 주장은 감수성이 예민한 청소년들에게 매우 논리적으로 들리며 동정을 사기에 충분하므로 많은 청소년들이 이들의 주장에 현혹되고 있습니다. 그러나 살인이라는 죄도 역시 그에 못지않게 역사가 깊은 것이고 살인하는 사람이 그렇지 않은 사람보다 훨씬 소수임에도 불구하고 살인이라는 행위는 정당화될 수 없고 보호받아서도 안 되는 것처럼 동성애적 행위도 그렇다는 사실을 깨닫도록 해야 합니다. 동성애적 행위에서 빠져나오지 못하는 사람을 안타깝게 여기며 도와주려고 하는 것과 그런 행위 자체를 옹호하는 것은 분명히 다릅니다. 성경은 명백하게 동성애가 하나님의 뜻을 거스르는 것이라고 말합니다(롬 1:26~27).

묵상

잠언 15장 1절~2절을 읽으세요.

"유순한 대답은 분노를 쉬게 하여도 과격한 말은 노를 격동하느니라 지혜 있는 자의 혀는 지식을 선히 베풀고 미련한 자의 입은 미련한 것을 쏟느니라"(잠 15:1~2)

본문은 자녀를 양육하는 문제에 대해 어떤 교훈을 줍니까?

적용

1. 본 과를 통해 새롭게 깨달은 점은 무엇입니까?

2. 본 과를 공부한 후 당신이 적용할 수 있는 일은 어떤 것들입니까?

제8과

진로결정

이야기

성희는 대학 입시 재수생이다. 작년에 모 대학 약학과에 응시했으나 실패한 후 재수를 하고 있다. 그림 그리기를 좋아하는 성희는 원래 미대를 지원하기 원했지만 부모님의 반대로 약학과에 원서를 넣었던 것이다. 부모님들은 성희가 아침부터 늦은 밤까지 학원과 도서실에서 공부하고 오는 줄 알고 계시지만 사실은 그렇지 않다. 입시학원 강의 시간이 끝나면 성희는 학원 근처 편의점에서 아르바이트를 하고 그 돈으로 부모님 몰래 미술 학원에 다니고 있다. 올해에는 부모님이 반대하시더라도 꼭 미대를 지원할 생각이다.

물음 및 점검 요점

물음 1

위의 이야기는 당신에게 어떤 생각을 하게 해줍니까?

자녀의 진로를 결정할 때 부모의 의견을 강력하게 고집하는 이유는 물론 자녀를 위해서입니다. 그러나 부모들은 자신의 생각이 제한되어 있을 수 있다는 사실을 받아들여야 합니다. 어느 쪽을 선택하는 것이 항상 좋다고 말할 수 없습니다. 과거로부터 약사는 수입이 보장되는 안정된 직업으로 인정받았고 화가는 그렇지 않았습니다. 그러나 현대는 다양한 직업과 전공들이 있고 그것들 각각이 나름대로 존중되는 시대입니다.

물음 2

당신은 자녀가 장래에 어떤 직업을 가지기 원합니까?

물음 3

당신이 위의 물음 2와 같이 원하는 이유는 무엇입니까?

부모로서 당신은 자녀가 장래에 직업이나 전공을 선택할 때 도움을 줄 수 있어야 합니다. 그것은 단지 부모의 사회적 경험으로 미루어보아 전망이 좋은 직업이나 전공을 선택하도록 조언하는 것만을 의미하지 않습니다. 부모인 당신은 당신의 자녀가 지금까지 자라는 동안 자녀가 가지고 있는 소질이나 자녀가 좋아하는 일 등을 알게 되었을 것입니다. 좋아하지도 않고 소질도 없는데 단지 전망이 좋기 때문에, 안정된 수입을 보장해 주기 때문에, 혹은 사회적으로 인정을 받을 수 있기 때문에 선택하도록 한다면

오히려 자녀의 행복한 삶을 저해하는 일이 됩니다. 다른 사람들의 이목으로부터 자유로워져서 하나님 앞에서 자녀의 소질과 능력을 발견하려고 하십시오.

물음 4

당신의 자녀는 어떤 장래 희망을 가지고 있습니까?

요즘 청소년들에게 장래 희망이 무엇이냐고 물어보면 모르겠다고 대답하거나 희망이 없다고 말하는 경우가 많습니다. 현대의 도시 산업 사회에서 정말 그들은 꿈을 잃어버린 것일까요? 청소년들이 장래 희망에 대해 머뭇거리는 이유는 정녕 그들이 바라는 것은 있지만 그렇게 될 자신이 없기 때문인 경우가 많습니다. 그런데 단지 자신이 없는 것보다 더욱 문제가 되는 것은 그 바라는 바를 위해 노력하지 않는다는 점입니다. 꿈을 가지고 그 꿈을 이루기 위해 노력하는 청소년들이 많지 않다는 것은 정말 심각한 문제입니다. 그것은 그들이 지금까지 스스로 사고하고 꿈을 키우지 못하고 학교나 부모가 제시하는 틀에 의해 이끌리는 삶을 살아왔기 때문입니다. 눈앞의 일만 생각하지 않고 미래를 바라보는 안목을 키우도록 자녀들을 격려하십시오. 비록 자녀의 희망이 중도에 바뀌는 일이 있다 하더라도 오늘 희망을 가지고 있는 것은 중요합니다. 미래가 없이 하루하루를 사는 것과 미래를 바라고 그리며 하루하루를 사는 것은 큰 차이가 있습니다.

물음 5

자녀의 진로를 선택하는 문제를 놓고 자녀와 구체적으로 대화를 나눈 적이 있습니까?

자녀의 장래 직업이나 전공을 결정하는 데 있어서 부모의 생각을 강요하는 것도 잘못이지만 자녀가 원하는 것이기 때문에 무조건 격려하고 밀어주려는 것도 옳지 않습니다. 당신의 자녀는 아직 미성숙한 청소년이기 때문입니다. 청소년들은 대체로 이상적인 것을 생각하기 때문에 직업이나 전공을 선택했을 때 부딪칠 수 있는 현실적인 면들에 대해 고려하지 못하는 경우가 종종 있습니다. 그리고 자신의 객관적 능력에 비추어서 실현 가능성이 희박한 것들에 매달려서 시간을 낭비하는 경우도 있습니다. 자녀의 진로 문제를 놓고 진지하게 대화하는 자세는 자녀로 하여금 부모의 사랑에 대한 신뢰를 가지게 하는 데에도 중요한 역할을 할 것입니다.

물음 6

당신은 자녀의 장래 전공 혹은 직업이 삶에 얼마나 중요한 영향을 끼친다고 생각합니까?

하나님은 어떤 직업이나 전공이 도덕적으로나 영적으로 우리의 삶에 부정적인 영향을 끼치는 것이 아니라면 우리가 어떤 직업을 가지는가, 혹은 어떤 전공을 택하는가에 대해 크게 문제 삼지 않으실 것입니다. 그분은 우리가 그분을 섬김으로써 그분을 영화롭게 하되 우리 자신의 행복을 희생하라고 말씀하지 않으십니다. 그러므로 우리가 즐거운 마음으로 종사할 수 있는 일을 택하는 것이 좋습니다. 그러기 위해 하나님은 우리 각자에게 나름대로의 소질을 주셨는지도 모르지요. 정말 문제가 되는 것은 어떤 자세로 삶을 살아가느냐 하는 것입니다.

묵상

전도서 3장 12절~13절을 읽으세요.

"사람이 사는 동안에 기뻐하며 선을 행하는 것보다 나은 것이 없는 줄을 내가 알았고 사람마다 먹고 마시는 것과 수고함으로 낙을 누리는 것이 하나님의 선물인 줄을 또한 알았도다"(전 3:12~13)

본문은 자녀를 양육하는 문제에 대해 어떤 교훈을 줍니까?

적용 및 과제

1. 본 과를 통해 새롭게 깨달은 점은 무엇입니까?

2. 본 과를 공부한 후 당신이 적용할 수 있는 일은 어떤 것들입니까?

제9과 대중문화

이야기

진숙이는 올해 여고 1학년생이다. 진숙이 방에는 온갖 연예인들 사진이 붙여져 있다. 토요일이면 어떤 일이 있어도 늦게까지 연예인들이 출연하는 쇼 프로들을 꼭 보고 잔다. 공부할 때는 귀에 이어폰을 꽂고 음악을 들으면서 해야 공부가 잘 된다고 한다.

얼마 전 진숙이 엄마는 진숙이가 외국의 록 가수 초청 공연에 가겠다고 표를 살 돈을 달라고 했을 때 드디어 폭발했다.

“아니, 너 3만원이 동네 개 이름인 줄 아니? 안 돼.”

“그럼 내 돈으로 가면 되잖아요. 친구들하고 벌써 약속했는데.”

“너 도대체 정신이 있냐? 안 된다면 안 되는 줄 알아!”

“왜 안 되는 거예요? 다른 애들은 다 허락받았다는데.”

“글쎄, 안 된대두. 딴소리 말구 가서 공부나 해.”

그날 저녁 진숙이는 저녁식사도 하지 않고 자기 방에 들어가 문을 잠근 채 나오지 않았다.

물음 및 점검 요령

물음 1

위의 이야기에 나오는 진숙이와 진숙이 엄마의 문제를 어떻게 생각합니까?

진숙이는 평소에 지금까지 자기가 대중가요나 연예인을 좋아하는 자신의 행동에 대해 엄마가 아무 말도 안 했기 때문에 그 행동들에 대해 돌이켜 생각해 볼 기회를 가져 보지 못했을 것입니다. 그러니까 공연장에 가는 사실을 스스럼없이 얘기했을 뿐 아니라 그 비용까지도 엄마에게 요청한 것입니다. 평소 진숙이 엄마는 딸의 행동이 맘에 들지 않았지만 참고 있던 차에 비싼 돈을 주고 공연장에 가겠다는 말에 그만 화를 내게 된 것입니다. 이때 진숙이 엄마는 딸이 공연장에 가지 않기를 바라는 이유를 분명하게 말하지 못하고 마치 관람료가 비싸기 때문에 안 되는 것처럼 말하고 있습니다. 결국 문제는 해결되지 않고 두 사람 사이의 갈등이 표면화되는 데 그치고 말았습니다. 어쩌면 진숙이는 공연이 있는 날 친구들과 함께 학교에서 곧장 공연장으로 갈지도 모르지요.

자녀의 행동에 문제가 있다고 생각될 때에는 오랫동안 곪도록 내버려두어서는 안 됩니다. 자녀와 그 문제에 대해 이야기하는 것을 어려워하지 마십시오. 그러다가 자녀를 바른 길로 이끌어 줄 수 있는 좋은 기회들을 놓치게 됩니다. 참고 참고 참았다가 화를 폭발시키는 것은 가장 어리석은 방법입니다. 그 상태로는 대화가 불가능하기 때문입니다. 청소년기의 자녀는 당신이 자기를 인격적으로 대우해 주는 데 대해 민감합니다. 화를 내며 자녀에게 소리 지르고 자녀의 생각을 윽박지르는 태도는 자녀의 마음을 닫게 합니다.

자녀의 행동에 문제가 있다고 생각되면 즉시 그 문제를 다루어야 합니다. 오래도록 내버려두었다가 어느 날 갑자기 화를 터뜨리는 것은 일관성이 없는 태도이며 이로 인해 자녀는 당황하기도 하고 때로 배신감을 느끼기도 합니다. 혹시 처음에는 문제점을 깨닫지 못했다가 나중에 발견하게 된 경우라면 "얘야, 엄마가 전에는 미처 생각하지 못했는데 그런 행동은 이러이러한 문제가 있다고 생각된다. 네 생각은 어떠니?" 하면서 자녀와의 대화를 시작하면 좋을 것입니다.

물음 2

당신의 자녀는 인기 스타에 대해 어느 정도 관심을 가지고 있습니까?

물음 3

당신의 자녀가 대중음악이나 인기 연예인에 대해 관심을 가지고 있다면 그 이유는 무엇이라고 생각합니까?

청소년기에 대중가요나 인기 연예인들에 대해 관심을 가지는 이유는

몇 가지가 있습니다. 첫째로 이성 문제에 눈을 뜨는 사춘기의 심리적 특성 때문이고, 둘째로는 친구들로부터의 소외에 대한 두려움, 셋째로는 아동기 후반부터 발달한 영웅 숭배 심리 때문입니다. 대중가요나 영화 등에서 다루고 있는 주제는 대부분 낭만적인 남녀 간의 사랑이기 때문에 신체적 발달과 함께 이성에 대한 그리움 혹은 성적 충동 등이 생기는 사춘기의 감정들을 발산할 수 있는 좋은 통로가 됩니다. 그리고 그런 감정을 대신 표현해 주는 인물들을 숭배하게 되는 것입니다. 뿐만 아니라 주변의 친구들이 대부분 비슷한 시기를 지나고 있어 모이면 하게 되는 이야기들이 그런 것들이므로 친구들과의 대화에서 소외되지 않기 위해서도 관심을 가지고 정보를 얻으려고 애를 쓰는 것입니다. 더구나 요즘은 자신의 감정 표현이 비교적 자유롭게 허용되는 시대가 되어서 청소년들의 이러한 경향은 점점 더 정도를 더해 가고 있습니다.

물음 4

당신은 대중문화가 자녀에게 어떤 영향을 주고 있다고 생각합니까?

대중문화란 사람들이 모여 살아가고 있는 사회를 둘러싸고 있는 것입니다. 그것은 의식 없이 살아가는 사람들을 싣고 가는 커다란 물줄기와도 같은 것입니다. 대중문화는 어떤 시대를 살아가는 대중들의 가치관이 음악이나 기타 영상 매체들을 통해 나타난 것이므로 그 시대 대다수를 이루는 사람들의 가치관을 가장 극명하게 드러내 주고 있습니다. 그것은 사람들에 의해 형성되고 그것이 다시 사람들을 형성하고 이끌어 갑니다. 그 중 어떤 것들은 일시적으로 왔다가 지나가 버리기도 하지만 어떤 것들은 오랫동안 남아서 사람들의 삶에 영향을 줍니다. 결국 우리의 자녀들이 대중문화에 깊이 빠지게 되면 대중들의 가치를 그대로 본받게 될 것입니다.

그러면 오늘날 우리 주변을 둘러싸고 있는 가치관, 즉 이 시대의 주류를 이루는 가치관은 무엇입니까? 많은 사람들이 현대를 물질주의 시대라고 말합니다. 물질주의란 정신적인 가치보다 물질적인 부나 육신의 쾌락과 같은 물질적인 것을 더 강조하는 경향을 말합니다. 이러한 경향은 사람들로 하여금 초보적인 쾌락과 이기적인 욕심에 매이게 하고 결국 사람들로 하여금 도덕성을 잃게 하는 원인이 됩니다. 더구나 인본주의 사상으로 말미암아 자유와 개성을 진리보다 더 중요하게 여기는 현대에는 이런 저급한 가치들을 표현하는 것에 대해 점점 더 대담해지고 있습니다.

우리는 자녀들을 이런 영향들로부터 보호해야 합니다. 늘 자녀의 안전을 염려하는 것이 부모의 마음인데 비단 신체적으로 보호할 뿐 아니라 그들의 영혼을 잠식하는 악한 영향들로부터 보호하기 위해 힘써야 합니다. 그러나 그것이 꼭 세상으로부터의 격리나 희로애락의 인간 감정을 부인하는 것을 의미하는 것은 아닙니다. 사람들과 함께 살면서 하나님이 인간에게 허락하신 감정을 누리면서도 하나님을 부인하고 거역하는 문화를 따라 살지 않도록 자녀들에게 가르쳐야 합니다. 그러기 위해서는 부모된 우리 자신이 먼저 그렇게 살아야 할 것입니다.

물음 5

당신은 자녀와 함께 집에서 음악을 듣거나 영화를 보는 시간을 가집니까?

인간에게 있는 문화에 대한 욕구를 인정하고 자녀들과 함께 음악을 듣거나 영화를 보는 시간을 가지는 것이 필요합니다. 인간에게 있는 감정들을 송두리째 무조건 거부하는 것은 바람직하지 못합니다. 자녀들은 부모와 함께하는 시간을 통해 부모의 가치관이나 견해들을 접하게 될 것이고 그 합리성을 나름대로 따져 볼 것이며 문화적 매체를 분별하는 법을 배우게 될 것입니다.

물음 6

자녀와 함께 문화 행사나 공연장에 가 보신 일이 있습니까?

자녀와 함께하는 시간은 결국 자녀에 대한 관심이 표현되는 시간입니다. 이런 시간을 통해 자녀와 함께 대화하고 하나님이 만드신 세상과 인간이 만든 문화에 대한 보다 폭 넓은 경험을 가지는 것은 자녀와의 훌륭한 교제입니다. 또한 청소년으로 자란 자녀의 성숙한 생각을 듣는 좋은 기회도 될 것입니다.

묵상

요한일서 2장 15절~16절을 읽으세요.

"이 세상이나 세상에 있는 것들을 사랑치 말라 누구든지 세상을 사랑하면 아버지의 사랑이 그 속에 있지 아니하니 이는 세상에 있는 모든 것이 육신의 정욕과

안목의 정욕과 이생의 자랑이니 다 아버지께로 좇아온 것이 아니요 세상으로 좇아온 것이라"(요일 2:15-16)

본문은 자녀를 양육하는 문제에 대해 어떤 교훈을 줍니까?

적용

1. 본 과를 통해 새롭게 깨달은 점은 무엇입니까?

2. 본 과를 공부한 후 당신이 적용할 수 있는 일은 어떤 것들입니까?

제10과

학업

이야기

성식이는 내일까지 내야 할 가정 숙제를 하고 있다. 보조 손가방을 만드는 일이다. 기말고사가 일주일도 안 남았는데 바느질을 하고 있는 성식이를 보고 성식이 엄마는 화가 났다.

"아니, 사내아이한테 바느질을 가르쳐서 뭐에 쓴다더냐? 그 바느질은 내가 해줄 테니 아무 짝에도 쓸모없는 일 가지고 시간 보내지 말고 가서 공부나 해라."

물음 및 점검 요령

물음 1

위의 이야기에 나오는 경우처럼 자녀가 입시나 학업 성적에 별 도움이 되지 않는 숙제를 하고 있을 때 당신은 어떤 반응을 보입니까?

시험이 며칠 남지 않았는데 숙제 때문에 시간을 보내고 있는 자녀를 보면 화가 나는 것이 당연합니다. 예를 들면 바느질, 수놓기, 미술작품 만들기, 공작품 만들기 등이 그런 것들입니다. 대부분의 부모들이 그런 생각을 가지는 것은 그동안 우리 민족에게 오랫동안 뿌리박혀 있는 사농공상의 계급의식 때문이기도 합니다. 그래서 필기시험은 중시하고 손으로 하는 실기 과제는 경시하는 경향이 있습니다. 그러나 학교 교육의 원래 목적은 전인교육을 추구하는 것이므로 어느 특정한 과목을 중시하거나 경시해서는 올바른 교육이 이루어질 수 없습니다.

부모가 이런 생각을 가지는 것은 자녀에게 여러 가지 면에서 부정적인 영향을 줍니다. 단지 마땅히 자기가 해야 할 일을 부모가 대신 해주는 것만이 문제가 아닙니다. 필기시험에서 좋은 성적을 내지 못하는 학생은 자기를 비하하게 됩니다. 그로 인해 자기에게 주어진 소질에 대해서조차 열등의식을 가직 된다면 결코 행복한 마음으로 인생을 살아갈 수 없을 것입니다. 모든 학과목을 중요하게 생각하고 각각의 과목이 가지고 있는 독특성을 존중하는 태도는 결국 장래 사회에서 다양한 전공을 가지고 살아갈 자신을 포함한 다른 사람들을 똑같이 존중하는 태도를 길러 줄 것입니다.

묻음 2

당신은 자녀의 학업이 자녀의 인생에서 얼마나 중요한 역할을 한나고 생각합니까?

배움이란 일생을 통해서 이루어지는 과정입니다. 그 중에서도 청소년기에 학교에서의 학업을 통해 배우는 장래의 직업이나 전공을 결정하는데 있어서 중요한 역할을 합니다. 중고등학교에서 다루어지고 있는 교과

과정은 충분히 다양하기 때문에 청소년들은 이 기간의 학업을 적성을 발견하고 소질을 계발하는 계기로 삼을 수 있습니다. 그리고 이 기간은 경제적으로나 사회적인 압력이 없이 학업에만 열중할 수 있는 때일 뿐 아니라 지적능력이 왕성하게 발달하는 시기이기 때문에 새로운 것들을 배우고 자신의 소질을 발전시키는 데 있어서 큰 진보를 가져올 수 있는 좋은 기회입니다.

물음 3

당신은 자녀의 학업 성적에 대해 어느 정도 만족합니까?

학업 성적에 대해서는 현행 평가제도가 필기 위주의 제한된 방법에 의존하고 있다는 사실을 인지하는 것이 표면적 성적에 의해 자녀의 능력을 속단하지 않는 데 도움이 됩니다. 자녀의 소질과 능력을 객관적으로 볼 줄 아는 시각을 가질 때 자녀의 노력과 성취도를 올바르게 비교할 수 있습니다. 학업성적에 대한 만족도를 단지 표면적인 점수나 석차에 의해 결정지어서는 안 됩니다.

물음 4

당신은 자녀의 학업 성적이 기대에 미치지 못할 때 어떻게 합니까?

부모의 욕심에 따라 자녀의 학업 성적에 대한 기대를 가지게 되면 자녀와 좋은 관계를 유지하기 어렵습니다. 성적표를 받았을 때 석차에만 집착하지 말고 자녀와 함께 자녀의 장래에 대한 설계를 하는 기회로 삼고 자녀와 대화를 해보십시오. 대화는 일방적인 것이 아니므로 부모의 생각을 이야기하기에 앞서 자녀의 생각을 들어주는 자세가 필요합니다. 아동기 때와는 달리 청소년기의 성적은 자녀 스스로의 의지가 아니면 부모의 간섭이나 강요로 오르게 할 수 없습니다. 중요한 것은 자녀 자신으로 하여금 꿈과 목표의식을 가지도록 격려하는 일입니다. 꿈과 목표의식이 생기게 되면 의지와 노력은 뒤따르게 될 것입니다. 그러나 평소에 부모가 지나치게 자녀를 도와주거나 자녀가 힘든 일을 하는 것을 안타까워하면 자녀의 의지는 열매를 맺을 수 없습니다.

또한 부모가 자녀의 학업 성적에 지나치게 관심을 하지고 석차에 연연하게 되면 자녀는 공부하는 것을 자기의 일이 아니라 부모의 일로 생각할 수 있습니다. 다시 말하면 자기가 해결해야 할 자신의 문제로 받아들이지 않고 그것이 부모에게 주는 영향을 먼저 생각하게 된다는 말입니다. 성적표를 받아왔을 때 자녀 스스로 자신의 성적을 분석하도록 하는 것도 자녀의 의지를 일깨우는 좋은 방법입니다.

물음 5

당신이 자녀에게 열심히 공부하라고 말하는 이유는 무엇입니까?

청소년기에 열심히 공부해야 하는 첫 번째 이유는 그 시기에는 학업이 주된 일이기 때문입니다. 그리스도인들은 하나님 앞에서 자기에게 주어진 일을 최선을 다해 열심히 해야 합니다. 사람에게 보이기 위해서가 아니라 하나님이 맡기신 일이기 때문입니다. 다음으로 그리스도인 부모들은 자녀에게 열심히 공부하라고 말할 때 그 이면에 담고 있는 목적의식이 분명해야 합니다. 대부분의 사람들은 공부하는 목적에 대해 아주 좁은 안목을 가지고 있습니다. 결국 자녀의 장래를 보장 받기 위해 열심히 공부하라는 것입니다. 무엇보다도 그들의 관심은 경제적인 안정에 있습니다. 그러나 그리스도인이라면 장래 자녀의 보람된 인생을 준비하기 위해서 열심히 노력해야 한다는 것과 그 보람은 사회와 교회와 이웃을 널리 새롭게 함으로써 찾을 수 있다는 사실을 가르쳐야 합니다. 궁극적으로는 그렇게 함으로써 하나님의 뜻을 이루며 하나님의 영광을 위해 살게 되는 것입니다. 그러므로 중요한 것은 성적이 아니라 최선을 다하는 자세입니다.

물음 6

당신의 자녀는 어떤 취미를 가지고 있습니까? 그리고 그 취미를 위해 얼마나 시간을 할애하고 있습니까? 당신은 자녀가 취미생활을 하는 것에 대해 어떤 생각을 가지고 있습니까?

자녀가 취미를 가지고 그것을 위해 시간을 사용하는 것에 대해 긍정적인 생각을 가지도록 하십시오. 비록 청소년기의 학업이 중요하다고 하더

라도 항상 학과 공부만 하고 있는 것은 그리 바람직한 일이 아닙니다. 배움이라고 하는 것은 책을 통해서만 이루어지는 것이 아닙니다. 대체로 학과 공부는 수동적인 동기를 가진 경우가 많은 반면 취미가 있어서 하는 일은 자발적인 동기에 의한 것이므로 훨씬 더 생생한 학습이 이루어지는 경우가 많습니다. 소위 창의성이라고 하는 것은 이처럼 자발적인 동기에 의해 노력하는 중에 발휘됩니다. 더구나 학과 공부하는 일로 장래 업을 삼게 되는 사람의 수는 제한되어 있으므로 부모로서 자녀의 장래에 대해 일찍부터 넓은 안목을 가지는 것이 필요합니다. 학과 공부를 통해 성취감을 맛볼 수 없는 자녀일수록 취미로 하는 일들 중에 격려하여 발전시켜 줄 일이 없는지 살펴보십시오.

묵상

골로새서 3장 15절~17절을 읽으세요.

"그리스도의 평강이 너희 마음을 주장하게 하라 평강을 위하여 너희가 한 몸으로 부르심을 받았나니 또한 너희는 감사하는 자가 되라 그리스도의 말씀이 너희 속에 풍성히 거하여 모든 지혜로 피차 가르치며 권면하고 시와 찬미와 신령한 노래를 부르며 마음에 감사함으로 하나님을 찬양하고 또 무엇을 하든지 말에나 일에나 다 주 예수의 이름으로 하고 그를 힘입어 하나님 아버지께 감사하라"(골 3:15~17)

본문은 자녀를 양육하는 문제에 대해 어떤 교훈을 줍니까?

적용

1. 본 과를 통해 새롭게 깨달은 점은 무엇입니까?

2. 본 과를 공부한 후 당신이 적용할 수 있는 일은 어떤 것들입니까?

제11과

교회생활과 신앙

이야기

"엄마, 승호는 시험기간에는 교회에 가지 않고 도서실에 가서 공부한대요. 저도 이번 주일에는 교회에 가지 않고 도서실에 갈래요. 앞으로는 점점 내신 성적이 중요하다고 하잖아요."

"그러면 아침에 예배를 드리고 나서 가렴."

"그러려면 아예 안 가는 게 나아요. 그 때 가면 도서실에 자리가 있을 리도 없구요."

물음 및 점검 요점

물음 1

당신의 자녀도 이런 말을 하는 때가 있습니까? 이런 경우 당신은 자녀를 어떻게 지도하겠습니까?

학생 때는 공부하는 것이 중요합니다. 그래서 공부하려고 애쓰는 자녀를 보면 기특한 마음이 들 것입니다. 그러나 열심히 공부하고 일하는 것이 정말 중요하지만 그보다 앞서는 것은 하나님을 섬기는 것이라는 사실을 자녀들에게 가르쳐야 합니다. 그것은 말로만이 아니라 실제적인 선택을 통해 가르쳐야 합니다. 예배를 중요하게 여기는 마음은 하나님에 대한 사랑과 순종의 표현입니다. 하나님은 예배드리는 것을 선택한 사람이 손해보도록 하지 않으실 것입니다. 우리가 열심히 일하고 공부하는 것도 역시 하나님께 대한 사랑과 그분의 뜻을 따라 살려고 하는 의지의 표현이어야 합니다.

물음 2

당신의 자녀는 교회에서 학생회 예배와 학생 활동에 참여합니까?

물음 3

한창 공부해야 할 나이의 청소년기 자녀가 교회에서 학생 활동을 하는 것에 대해서 어떻게 생각합니까?

교회 직분을 맡은 사람들 중에서도 자녀가 교회의 학생회 활동에 참여하는 것을 꺼리고, 학생 예배가 따로 있는데도 어른 예배에만 참석하도록 하는 경우가 종종 있습니다.

만일 그렇게 하는 이유가 학생회 활동으로 인해 학업에 지장을 줄 것에 대한 염려 때문이라면, 그런 문제를 자녀와 또 학생회 교사들과 의논하여 학생 활동에 참여하는 정도를 결정하면 좋을 것입니다. 청소년기는 아직 미성숙한 부분이 많은 시기이므로 그들을 위해 따로 준비된 예배를 드리는 것이 바람직합니다. 교회생활이란 단지 예배를 드리는 행위 외에도 성도 간의 교제가 중요한 부분을 차지하는데 학생 예배 대신 어른 예배에 참석하는 자녀는 비슷한 또래의 신앙생활을 하는 친구들과의 교제를 잃게 되는 것입니다.

만일 교회 학생들을 지도하는 사람들을 신뢰할 수 없거나 학생회 분위기가 마음에 들지 않아서라면 좀 더 적극적인 자세를 취하면 어떨까요? 예를 들면 당신 자신이 학생들을 지도하는 교사가 되는 것입니다. 그래서 학생들을 직접 가르치고 교사회에 참여하여 교사들에게 바람직한 영향을 끼치며 학생들의 건전한 신앙 성숙을 위한 활동들을 구체적으로 제안하고 격려하는 것입니다. 당신과 당신의 자녀가 속한 교회의 지체인 학생회가 바람직하지 못한 방향으로 나아가고 있는데도 당신의 자녀만 보호하려고 한다면 그것은 매우 소극적이고 이기적인 자세이며 무책임한 신앙 행위입니다.

물음 4

당신의 자녀는 친구들 사이에서 기독교 신앙을 가진 것 때문에 어려움을 당하는 일은 없습니까?

당신의 자녀가 다니고 있는 학교가 특별히 기독교 신앙을 옹호하는 학교가 아니라면 학교에서 대부분의 학생들은 자기의 신앙을 표현하는 일에 용기를 가지기 어려울 것입니다. 사실 기독교 학교에 다니는 경우라 하더라도 큰 차이는 없을 것입니다. 친하게 지내는 친구들 사이에서조차 신앙에 대한 이야기는 전혀 하려고 하지 않을 것입니다. 자녀가 학교에서 식사기도를 하고 점심을 먹는지 확인해 보십시오. 의외로 많은 아이들이 집에서는 식사기도를 하면서도 학교에서 친구나 선생님이 보는 데서 기도하는 것에는 용기를 내지 못하고 눈을 뜬 채로 기도하거나 적당한 핑계를 대고 생략한다는 사실을 알게 될 것입니다.

자녀들이 교회에 다니는 사실을 부끄러워하거나 신앙을 표현하는 것을 두려워하지 않도록 격려해 주십시오. 그리고 여러분 자신이 그렇게 사는 것을 보여 주십시오. 혹시 손해를 보거나 어려운 일을 당해도 묵묵히 신앙을 지키는 부모의 모습을 보며 당신의 자녀도 그런 어려움에 부딪칠 수 있는 용기와 믿음을 키워가게 될 것입니다. 단 그렇게 하기 위해서 당신은 자녀가 존경하는 부모가 되어야 합니다. 자녀는 사회적으로 인정받는 부모를 존경하는 것이 아니라 관심을 가지고 자녀를 사랑하며 말과 삶이 일치하는 부모를 존경합니다.

물음 5

당신 자녀의 신앙은 어느 수준입니까? 부모에게 의존하고 있습니까? 아니면 자신의 신앙 고백을 분명히 하고 스스로 주님을 가까이 하려고 힘쓰고 있습니까?

신앙은 개별적인 것입니다. 당신의 자녀는 당신의 믿음으로가 아니라 자기 자신의 믿음으로 거듭나야 합니다. 청소년이 된 당신의 자녀는 이제 '부모님의 하나님' 이 아니라 '자기 자신의 하나님' 을 찾고 자신의 믿음을 고백할 수 있어야 합니다. 소위 '제2의 출생기' 를 거치는 당신의 자녀는 신체적으로, 정신적으로뿐 아니라 영적으로도 새로운 인식을 경험해야 할 것입니다. 당신이 그것을 대신해 줄 수는 없다고 하더라도 그것을 격려해 줄 수는 있습니다.

물음 6

당신은 자녀가 교회에 나가도록 하는 것 외에 가정에서 자녀의 신앙 성숙을 위해 어떻게 힘쓰고 있습니까?

자녀의 신앙 성숙을 위해 가정에서 할 수 있는 일들 중에는 우선 가정예배가 있습니다. 가정예배 시간에 읽은 말씀에 대하여 각사의 신앙을 표현하는 순서나 서로를 위하여 기도하는 순서를 갖는다면 자녀의 신앙이 성숙될 것입니다. 자녀에게 성경을 암송하도록 하는 것도 좋은 방법입니다. 자녀가 공부하는 책상 맞은 편 벽에 성구를 붙여 두는 것도 좋겠지요. 때때로 자녀의 교회생활에 대해 듣는 시간도 가지며 설교를 듣고 생각했던 점 등에 대한 이야기를 하는 것도 자녀로 하여금 형식적인 신앙이 아닌 삶과 함께 하는 신앙을 가지도록 하는 데 도움을 줄 것입니다. 그리고 기회 있는 대로 가족이 함께 구제나 봉사의 기회를 가진다면 당신의 자녀는 가족에 대한 사랑과 함께 신앙으로 인한 기쁨을 경험하게 될 것입니다.

묵상

잠언 9장 10절과 사무엘상 2장 12절, 17절을 읽으세요.

"여호와를 경외하는 것이 지혜의 근본이요 거룩하신 자를 아는 것이 명철이니라"(잠 9:10)

"엘리의 아들들은 불량자라 여호와를 알지 아니하더라"(삼상 2:12)

"이 소년들의 죄가 여호와 앞에 심히 큼은 그들이 여호와의 제사를 멸시함이었더라" (삼상 2:17)

본문은 자녀를 양육하는 문제에 대해 어떤 교훈을 줍니까?

적용

1. 본 과를 통해 새롭게 깨달은 점은 무엇입니까?

2. 본 과를 공부한 후 당신이 적용할 수 있는 일은 어떤 것들입니까?

제12과

도덕성

이야기

"엄마, 내일 친구들이랑 봉사활동 갔다 올께요."

"어디로 가는데?"

"팔공산 갓바위로 가는데 거기 있는 파출소에서 도장 찍어 준대요. 친구들이 갔다 왔는데 한 30분 휴지 줍다가 놀다 가도 논 시간까지 다 봉사활동 시간으로 쳐 준대요."

"그러면 되나? 정직하게 말하고 봉사활동 한 시간만큼만 계산해서 적어야지."

"다른 애들은 다 그렇게 하는데 나만 안 그러면 불공평하잖아요!"

물음 및 점검 요점

물음 1

위의 이야기에 나오는 아이가 당신의 자녀라면 당신은 이런 때 어떤 말을 하겠습니까?

당신의 자녀가 위의 경우처럼 남들도 다 하는 일이라고 하면서 옳지

않은 일을 하겠다고 고집할 때가 부모로서 가장 곤란한 경우 중의 하나일 것입니다. 그러나 그렇다고 해서 그대로 둔다면 개인의 장래뿐 아니라 우리 사회의 장래가 어둡게 됩니다. 앞으로 사회를 이끌어 나갈 청소년들이 의를 버리고 편의와 자기 이익을 먼저 생각하는 것을 방관하는 일이기 때문입니다.

이런 경우에 자녀와 봉사 시간을 정직하게 계산할 것인가 그러지 않을 것인가에 대해 초점을 맞추고 논쟁하는 것은 서로 분노만 일으키는 일입니다. 자녀 역시 정직해야 한다는 사실은 잘 알고 있습니다. 다만 자녀가 주장하고 있는 요점은 자기만 정직함으로써 불이익을 당하고 싶지는 않다는 것입니다. 그렇기 때문에 일차적으로 자녀의 분노를 인정하는 것이 필요하고, 다음으로 그에 대한 해결책을 함께 찾아보아야 합니다. 그러면 자녀는 당신에게 적대감을 가지는 것이 아니라 함께 분노하고 함께 문제를 해결하려고 애쓰는 동지의식을 가지게 될 것입니다.

물음 2

위와 같은 경우에 해결책을 찾는다면 어떤 방법이 있을까요?

자녀가 분개하는 마음을 이해하고 인정한다면 적어도 부모에 대한 자녀의 분노는 일단 가라앉을 것입니다. 어쩌면 아이가 분노하는 대상은 봉사활동 상황을 살펴보지도 않고 아이들이 신고한 시간을 그대로 다 봉사활동 시간으로 인정한 경찰들에 대한 것일 수도 있습니다. 이럴 때 "나도

네 마음을 이해하겠다. 그건 정말 불공평하다. 그렇지? 하지만 그렇다고 해서 거짓말을 하는 것은 너도 마음이 편하지 않겠지? 정말 이대로 간다면 우리 사회에서 거짓말하는 사람들과 거짓말을 눈감아 주는 사람들을 몰아 낼 방법이 없을 텐데. 그래, 우선 네 답답한 마음을 글로 써서 신문의 독자 투고란에 기고해 보면 어떨까?" 하고 제의해 보는 것도 하나의 방법이 될 수 있습니다.

물음 3

당신이 생각하기에 우리 사회에서 부조리하고 부도덕한 일들이 일어나고 있다면 어떤 것들이 있습니까?

물음 4

위와 같은 일로 인해 자신의 도덕성은 흔들리고 있지 않습니까?

위와 같은 일들이 우리 주변에서 일어나고 있는데도 불구하고 우리가 도덕적으로 바르게 살려고 한다면 당장 불이익을 당하는 것이 당연합니다. 그러므로 사도 바울도 디모데에게 보내는 편지에 "무릇 그리스도 예수 안에서 경건하게 살고자 하는 자들은 핍박을 받으리라"(딤후 2:12)고 밝

히고 있습니다. 그럼에도 불구하고 우리가 도덕적으로 거리낌 없이 살아야 하는 것은 그렇게 하는 것이 하나님이 기뻐하시는 일이기 때문입니다. 또한 그리스도인은 자신만 바르게 사는 데 그치는 것이 아니라 사회가 바른 가치에 따라 움직이도록 힘써야 합니다.

물음 5

당신은 자녀가 도덕적으로 올바르게 살기 위해 불이익을 당한다고 할 때 이를 격려해 줄 수 있습니까?

그리스도인들이 기억해야 할 일은 우리가 사람 앞에서 사는 것이 아니라 하나님 앞에서 산다고 하는 것입니다. 우리가 도덕적이어야 하는 이유는 하나님이 도덕적이시기 때문입니다. 그리스도인들은 잠시 누리는 이익보다 더 영원하고 값진 것이 있음을 아는 사람들입니다.

물음 6

당신이 도덕적으로 살면 실제로 불이익을 당하게 될까요? 불이익을 당한 경험이 있으면 기록해 보세요.

하나님은 정직하고 도덕적으로 하는 사람들이 손해를 보도록 내버려 두지 않으십니다. 하나님은 공평하신 분이시며 공의를 기뻐하시는 분이시기 때문에 분명히 그런 사람들을 도우실 것입니다. 혹시 현재 불이익을 당한 것처럼 보이는 일이라 하더라도 공의로운 하나님을 신뢰하십시오. 하나님은 그분의 뜻대로 사는 사람의 모든 일이 합력하여 선을 이루도록 하실 것입니다(롬 8:28).

묵상

디모데후서 3장 13절~17절을 읽으세요.

"악한 사람들과 속이는 자들은 더욱 악하여져서 속이기도 하고 속기도 하나니 그러나 너는 배우고 확신한 일에 거하라 네가 뉘게서 배운 것을 알며 또 네가 어려서부터 성경을 알았나니 성경은 능히 너로 하여금 그리스도 예수 안에 있는 믿음으로 말미암아 구원에 이르는 지혜가 있게 하느니라 모든 성경은 하나님의 감동으로 된 것으로 교훈과 책망과 바르게 함과 의로 교육하기에 유익하니 이는 하나님의 사람으로 온전케 하며 모든 선한 일을 행하기에 온전케 하려 함이니라"(딤후 3:13~17)

본문은 자녀를 양육하는 문제에 대해 어떤 교훈을 줍니까?

적용

1. 본 과를 통해 새롭게 깨달은 점은 무엇입니까?

2. 본 과를 공부한 후 당신이 적용할 수 있는 일은 어떤 것들입니까?